Anne Voss

Spezialitäten aus Mecklenburg und Vorpommern

KOMPASS Küchenschätze

Ein Wort zuvor

Über Land, Leute und Küche

Die Landschaft Mecklenburg-Vorpommerns erstreckt sich etwa 400 km entlang der Ostseeküste von der Lübecker Bucht bis zum Stettiner Haff. Dazwischen liegen die stolzen, alten Hansestädte wie Rostock, Greifswald und Stralsund. Den eindrucksvollsten Abschnitt bildet jedoch die Boddenküste mit ihren vielen Inseln, zu denen auch Rügen gehört. Die Kräfte des Meeres haben auch an ihren Kreidefelsen tiefe Spuren hinterlassen. Die herrlichen Buchenwälder, traditionellen Fischerdörfer und Seebäder laden bis zum heutigen Tage viele Besucher zur Erholung und Entspannung ein. Gleich hinter der Küste schließt sich ein Flachlandgürtel an, mit unzähligen Seen, Hügeln und weiten Wäldern.

Mit knapp 2 Millionen Einwohnern ist Mecklenburg-Vorpommern das Bundesland mit der geringsten Bevölkerungsdichte. Die Hauptstadt ist Schwerin. Land und Meer haben die Menschen geprägt. Sie sind bekannt für ihre Ruhe, Beständigkeit, aber auch für ihren Eigensinn und ihre Genügsamkeit.

Gediegen und deftig ist die Küche, in der vier Grundelemente in vielen Gerichten immer wieder zu finden sind: Fisch aus Meer und Fluß; Geflügel, insbesondere Gänse; Fleisch, vor allem vom Schwein und Kartoffeln. Die verschiedenen Rezepte sind bodenständig, manchmal sehr gehaltvoll, aber auch einfach oder raffiniert und werden immer mit heimischen Obst- sowie Gemüsesorten kombiniert. Dieses Buch liefert Ihnen verschiedene Vorschläge für zeitgemäße, aber auch traditionelle Gerichte.

Nach den typischen Suppen und Eintöpfen finden Sie eine Auswahl heimischer Fischrezepte. Im Anschluß daran Fleisch- und Geflügelgerichte mit den weit über die Grenzen hinaus bekannten Spezialitäten wie „Mecklenburger Rippenbraten", „Gans mit Kastanienfüllung" oder „Rote-Rüben-Salat". Süßes und Gebackenes sowie typische Getränke im letzten Teil des Buches vollenden die Rezeptvorschläge.

Auf den nachfolgenden Seiten finden Sie vorab eine Beschreibung der besonders landestypischen Gerichte. Daran schließt sich ein kleines „Küchenlexikon" an, sozusagen als Sprachführer durch das Land mit traditionellen Ausdrücken oder Bezeichnungen.

Mit dieser Einführung wird es Ihnen sicher leicht fallen, die verschiedenen Spezialitäten Mecklenburg-Vorpommerns kennenzulernen und mit großer Freude nachzukochen. Dabei wünsche ich Ihnen stets ein gutes Gelingen.

Ihre
Anne Voss

Inhalt

Seite

Ein Wort zuvor über Land, Leute und Küche 2
Die besonderen Spezialitäten aus Mecklenburg-Vorpommern 4
Kleines Küchenlexikon 6
Suppen und Eintöpfe 7
Fischgerichte 20
Fleisch- und Geflügelgerichte 34
Salate, Gemüse, Beilagen 57
Süßes und Gebackenes 65/67
Getränke 79

Die besonderen Spezialitäten aus Mecklenburg-Vorpommern

Landwirtschaft und Fischerei spielen in Mecklenburg-Vorpommern eine bedeutende Rolle. Die traditionelle Küche des Landes wird daher von der Nähe zum Meer, den vielzähligen Seen und dem ertragreichen Anbau geprägt.

Alle Arten von Fisch, dazu Geflügel, Rind- und Schweinefleisch, Kohl, Kartoffeln und Milchprodukte sind Grundelemente der heimischen Küche.

Fisch, vor allem Aal, Hecht, Dorsch, Zander und den zarten Hering gibt es immer frisch. Man verarbeitet ihn zu Suppen, Fischtöpfen oder er wird gedünstet bzw. gebraten serviert. Dazu gibt's Pellkartoffeln, am liebsten mit Speck. Flunder, Makrele, Heilbutt und Lachs vervollständigen die Speisekarte.

Auch die stets gut gemästeten Pommerschen **Gänse** werden verschiedenartig zubereitet: entweder als knuspriger Braten mit einer Füllung aus Kastanien oder man genießt gepökelte, geräucherte Teile wie Gänsebrust bzw. -keule mit verschiedenen Gemüsen. Aus Gänseklein wird eine Brühe gekocht, die man als **„Gänseweißsauer“** bezeichnet und nach Fertigstellung wie eine Sülze serviert. Neben den Gänsen sind auch fleischige **Enten** sehr beliebt. Für beide Geflügelsorten kennt man verschiedene Füllungen, meist unter Verwendung von frischem oder getrocknetem **Obst.** Die Liebe zu Backpflaumen läßt die Früchte in vielen Gerichten vorkommen: in Suppen, in Geflügel- oder Fleischfüllungen und verschiedenen Nachspeisen sowie Gebäcken. Daneben finden sich Äpfel und Birnen in vielen pikanten, aber auch süßen Gerichten wieder. Zu geschmortem Rindfleisch oder dem beliebten **Rippenbraten** sind sie als

Geschmacksverfeinerer nicht wegzudenken.

Aber auch andere **Fleischgerichte** haben ihren festen Platz in der Küche Mecklenburg-Vorpommerns. Aus Gehacktem bereitet man die „Schmandklopse" zu, auf Rügen ist ein Schweinegulasch beliebt und das alte Seemannsgericht, den „Labskaus", findet man an vielen Orten, vor allem an der Küste.

Dazu gibt's **Kartoffeln** in verschiedenen Variationen: als Stampf-, Salz-, Brat- bzw. Pellkartoffeln oder in Form eines attraktiven Kartoffelkuchens. Rotkohl, Rosenkohl, Bohnen, Rote Rüben und Salate ergänzen die Gerichte sinnvoll.

Speck, Schinken und die berühmten **Wurstwaren,** wie die Rügenwalder Teewurst oder die pikante Lungwurst, sind ebenfalls sehr beliebt. Die Weite des Landes und der immer noch natürlich wachsende Wald sorgen für einen reichhaltigen **Wildbestand.**

Zum Nachtisch gibt's häufig **Grütze** aus frischen Beeren oder die bekannten „Plinsen" (Eierpfannkuchen). Nach einem guten Essen wird anschließend gerne ein kräftiger **Kaffee** getrunken. Dazu serviert man einen saftigen **Kuchen** vom Blech, in Mecklenburg-Vorpommern als „Plattenkuchen" bezeichnet, oder eine feine Apfeltorte.

Die Küche des Landes ist bäuerlich geprägt und mit Raffiniertem ergänzt. Ähnlich wie in Schleswig-Holstein findet man geschmackliche Verbindungen aus Süßem, Säuerlichem und Salzigem. Dieses nördliche Bundesland ist aber auch ein Land der Gegensätze, die sich vor allem in der regionalen Küche widerspiegeln. Sie liefert Gerichte aus feudalen Gutsküchen neben einfachen Rezepten aus bäuerlichen Haushalten. Es bleibt trotzdem leicht, die verschiedenen Spezialitäten nachzukochen, da die Zutaten fast immer frisch zu haben sind.

Kleines Küchenlexikon

Aalpott	=	Fischtopf mit Aalstücken
Backpflaumen	=	getrocknete Pflaumen
„Betenbarsch“	=	winterliche Gemüse-Rindfleischsuppe mit Rote Bete
Fliederbeeren	=	Holunderbeeren
Flomen	=	Schweine- oder Gänsefett
Gänseweißsauer	=	gekochte Gänsebrühe mit Gänseklein, aus der eine Sülze hergestellt wird
Graupensuppe	=	sämige Rindfleischsuppe mit Graupen und Backpflaumen
Hühnerklein	=	Innereien wie Hals, Magen, Herz, aber auch Flügel eines Suppenhuhns
Klieben, Klüten	=	Mehlklümpchen als Suppeneinlage
Klopp-(Klopf-)Schinken	=	Dicke Scheiben von geräuchertem Schinken, in Milch eingeweicht und dann ausgebacken
Labskaus	=	altes Seemanngericht mit gepökelter Rinderbrust, Kartoffeln, Zwiebeln und roter Bete
Matjes	=	mild gesalzener Hering
Mohrrüben	=	Karotten
Plinsen, Plinzen	=	süße oder salzige Eierpfannkuchen mit Früchten
Plummen	=	Pflaumen, meist weichgekocht
Porree	=	Lauch
Rippenbraten	=	Schweinerippe oder -hals, mit einer Füllung aus Äpfeln und Pflaumen
Rote Rüben	=	Rote Bete
Schlupfkuchen	=	Obstkuchen mit eingesunkenen Früchten
Schluppen	=	Frühlingszwiebeln
Schmand	=	dicke, saure Sahne mit 30% Fettgehalt, ähnlich Crème fraîche
Schmandklopse	=	Hackfleischklopse in Sahnesoße
Schmandkartoffeln	=	in Scheiben geschnittene Pellkartoffeln, in einer dicken Sahnesoße angerichtet
Schmorgurken	=	Gemüsegurken
Schnippelbohnen	=	grüne Schnittbohnen
Semmelmehl	=	Paniermehl, Semmelbrösel
Stampfkartoffeln	=	Kartoffelpüree, Kartoffelbrei
Tüften	=	volkstümliche Bezeichnung für Kartoffeln

Buttermilchsuppe mit Backpflaumen

180 g Backpflaumen	1 Prise Salz
1/2 l Wasser	1 Eigelb
1 - 1 1/4 l Buttermilch	1 Pa Vanillezucker
40 g Stärkemehl	5 - 6 EL Puderzucker

● Zunächst die Backpflaumen mit Wasser bedeckt über Nacht quellen lassen und am nächsten Tag weichkochen. Abgießen und entkernen.

● Die Buttermilch mit Stärkemehl und Salz verquirlen und unter beständigem Rühren langsam erhitzen, dann etwa 5 Minuten lang auf niedriger Stufe köcheln lassen und die Kochstelle ausschalten. Eigelb mit Vanille- und Puderzucker in einer separaten Schüssel schaumig rühren. Im Wechsel mit den vorbereiteten Backpflaumen zur Suppe geben und noch durchziehen lassen. Bei Bedarf noch etwas Zucker dazugeben.

Mein Tip:
Die Buttermilchsuppe können Sie heiß oder kalt servieren und Zwieback oder Biskuitplätzchen dazu reichen.

„Klieben-Suppe“

150 g Weizenmehl	etwas Wasser
2 - 3 Eier	1 1/2 l Milch
1 Prise Salz	2 EL Butter
2 EL Zucker	Zucker, Zimt

● Mehl, Eier, Salz und Zucker mit etwas Wasser zu einem dickflüssigen Teig verrühren. Die Milch in einem größeren Topf langsam erhitzen und den Teig portionsweise einlaufen lassen, so daß kleine „Klieben“ (Klümpchen) entstehen.
● Unter beständigem Rühren bei niedriger Stufe etwa 10 Minuten lang weiterkochen lassen, bis

die Klieben zur Oberfläche aufsteigen. Nochmals mit Salz abschmecken und die Butter einrühren.

● Die Suppe heiß servieren, nach Geschmack mit Zimtzucker bestreuen.

Interessant für Sie:
Die „Klieben" werden in Mecklenburg-Vorpommern mancherorts auch „Klüten" genannt. Diese traditionelle Suppe wird regional morgens, zum ersten Frühstück, angerichtet. Man verwendet auch gerne Roggenmehl für eine „Roggenkliebensuppe", die jedoch eine um 5 - 10 Minuten längere Garzeit hat. Der Teig wird durch Zugabe von Eiern eher flüssig. Ohne Eizugabe werden Mehl, Salz, Zucker und etwas Wasser erst zu Streuseln verarbeitet, die dann in der heißen Milch garziehen.

Kalte Dill-Gurkensuppe

1 Salatgurke, ca. 600-700 g	Salz, weißer Pfeffer
1 Zwiebel	1 Prise Zucker
1 - 2 Knoblauchzehen	1/4 l Sahne
2 - 3 EL Öl	1 kleiner Bund Dill
2 EL Essig	4 Eiswürfel
6 EL trockener Weißwein	einige Gurkenscheiben

● Die Salatgurke waschen, schälen, längs durchschneiden, mit einem Löffel die Kerne herauskratzen und in kleine Würfel schneiden. Die Zwiebel schälen und fein hacken. Mit dem durchgepreßten Knoblauch in heißem Öl glasig dünsten, dann die Gurkenwürfel dazugeben und mit Essig sowie Wein aufgießen. Ca. 5 - 10 Minuten auf niedriger Stufe garziehen lassen, bis die Gurkenwürfel glasig sind.

● Abgekühlt im Mixer pürieren. Mit Salz, Pfeffer und Zucker würzen. Kaltstellen.

● Kurz vor dem Servieren die Sahne unterrühren, nochmals abschmecken. Auf Teller verteilen, mit frisch gehacktem Dill sowie einigen Gurkenscheiben garnieren und in jede Portion einen Eiswürfel geben.

Pommerscher „Betenbarsch“

1 kg Suppenfleisch vom Rind (Brust- oder Querrippe)	etwas Majoran
1 Markknochen	500 - 600 rote Rüben (rote Bete)
2 Bund Suppengrün	2 EL Essig, weißer Pfeffer
2 Zwiebeln	1 TL Zucker
1 - 2 Lorbeerblätter	1 EL Dill
	1/8 l Schmand

● Das Suppenfleisch und die Knochen kurz kalt abspülen. Zuerst die Knochen in einen großen Topf legen, dann das Fleisch auflegen und ca. 3 l Wasser hinzufügen. Die Zwiebeln schälen und kleinschneiden. Das Suppengemüse putzen und zerteilen. Mit Lorbeer und Majoran zur Suppe geben, diese zum Kochen bringen und den sich bildenden Schaum vorsichtig abschöpfen. Dann erst salzen und auf niedriger Stufe 2 - 2 1/2 Stunden kochen lassen.

● Inzwischen die roten Rüben gründlich reinigen (am besten abbürsten), in einen zweiten Topf geben und mit Wasser bedeckt in ca. 45 Minuten – je nach Größe – weichgaren. Anschließend mit Hilfe eines Schaumlöffels herausheben, noch heiß abziehen, dann auskühlen lassen. Fein reiben, dann sofort den Essig untermischen, damit die Rüben ihre rote Farbe behalten.

● Das Rindfleisch aus der Suppe nehmen und warmstellen. Die Fleischbrühe durch ein Sieb gießen, zurückfüllen und noch etwas einkochen lassen.

● Das Rübenmus hinzufügen und mit Pfeffer, Zucker und etwas Salz kräftig würzen. Einige Minuten lang durchkochen lassen.

● Den Schmand bzw. die Crème fraîche mit frisch gehacktem Dill vermischen und unter beständigem Rühren in die Suppe geben. Nochmals kurz aufkochen, dann abschmecken. Das gekochte Rindfleisch in Würfel schneiden und untermischen.

Interessant für Sie:
Der „Betenbarsch" ist eine winterliche Gemüsesuppe mit Rindfleisch, die vor allem in Vorpommern, aber auch in Ostpreußen, sehr beliebt ist. Ihre rötliche Farbe erhält sie von den „Beten" (rote Rüben) und ähnelt daher dem russischen „Borschtsch".

Kartoffel-Bohnentopf mit Lungwurst

2 Zwiebeln	1/2 l Fleischbrühe
1 Knoblauchzehe	2 - 3 Lungwürste (oder Mettwürste)
2 EL Öl oder Butter	250 g frische Tomaten
1/2 TL Wasser	Salz, weißer Pfeffer
500 g frische oder gefrorene, grüne Brechbohnen	etwas Majoran, Muskat, Kümmel
1/4 Stück Sellerie	2 EL geh. Petersilie
500 g festkoch. Kartoffeln	

● Die Zwiebeln schälen und fein hacken. Mit dem gepreßten Knoblauch in heißem Fett glasig dünsten. Das Wasser dazugeben.

● Die Brechbohnen waschen, abtropfen lassen, eventuelle Fäden abziehen und in Stücke zerteilen. Zu den Zwiebeln geben und bei mittlerer Hitze etwa 15 Minuten dünsten.

● Sellerie und Kartoffeln schälen und in größere Würfel zerteilen. Mit den kleingeschnittenen Lungwürsten zu den Bohnen geben, die Fleischbrühe abgießen. Einmal abkochen lassen, umrühren, würzen und auf mittlerer Stufe etwa 30 - 40 Minuten weitergaren.

● Die Tomaten heiß überbrühen , häuten und würfeln. Zuletzt zum Bohnentopf geben, einige Minuten lang mitkochen lassen, dann das Gericht nochmals abschmecken und mit frisch gehackter Petersilie bestreut servieren.

Interessant für Sie:
Die „Lungwurst" ist eine luftgetrocknet hergestellte Wurst, aus Schweinefleisch und -lunge, die herzhaft mit Majoran und Mettwurst gewürzt ist. Sie ist eine typische Spezialität, die vor allem zum Mitkochen bei Eintopfgerichten und Suppen Verwendung findet. Ersatzweise können Sie diesen Bohnentopf auch mit Mettwürsten zubereiten.

„Fliederbeersuppe"
(Holundersuppe)

500 g reife Fliederbeeren (Holunderbeeren)	1/4 Stange Zimt
1 1/2 l Wasser	2 - 3 Nelken nach Belieben
ca. 175 g Äpfel	abgeriebene Schale 1/2 unbehandelten Zitrone
ca. 175 g Birnen	etwas Zitronensaft
80 - 100 g Zucker	

30 g Stärkemehl	1 Brötchen, etwas Butter
1 Prise Salz	1 - 2 EL süße Sahne

● Die Fliederbeeren von den Stielen abstreifen, gründlich waschen, und gut abtropfen lassen. Mit dem Wasser in einen Topf geben und in ca. 20 - 30 Minuten weichkochen. Durch ein Sieb passieren, dabei die Flüssigkeit auffangen.

● Äpfel und Birnen schälen, halbieren, vom Kerngehäuse befreien und kleinschneiden.

Mit dem Fliederbeersaft, Zucker, Zimt, evtl. Nelken und abgerieben Zitronenschale sowie -saft ca. 10 Minuten kochen lassen, dabei mehrfach umrühren.

● Mit in kaltem Wasser angerührtem Stärkemehl die Suppe binden, nochmals kurz aufkochen lassen, dann salzen und die Zimtstange herausnehmen.

● Das Brötchen in feine Streifen schneiden und in Butter goldgelb rösten, auf die fertige Suppe geben und diese noch mit etwas Sahne verfeinern.

Meine Tips:
Ein Schuß lieblicher Rotwein gibt der „Fliederbeersuppe" ein besonderes Aroma. Sie läßt sich, aus Saft zubereitet, im Winter heiß und im Sommer am besten kalt servieren.

Geflügeltopf

250 - 300 g Hähnchen- oder Putenfilet	1 große Mohrrübe (Karotte)
weißer Pfeffer	100 g Erbsen
50 g Butter	150 g grüne Bohnen, vorgekocht
1 Zwiebel, gehackt	1 l Hühnerbrühe
1 kleine Stange Porree (Lauch)	3 Tassen vorgekochter Langkornreis
1/4 Stück Sellerie (ca. 80 g)	Salz, etwas Muskat
100 g frischer Blumenkohl	2 EL frisch geh. Petersilie

● Das Geflügelfleisch kurz kalt abspülen, mit Küchenpapier trockentupfen, dann würfeln und von allen Seiten mit Pfeffer würzen.

● Die Butter in einem größeren Topf auslassen, die Zwiebel darin glasig würzen und beiseite stellen. Das Gemüse putzen, schälen, kleinschneiden oder stifteln und gründlich waschen. Gut abgetropft zu den Zwiebeln geben, nochmals kurz andünsten, dann mit der Brühe auffüllen und etwa 20 Minuten lang auf niedriger Stufe köcheln lassen, dann erst das Geflügelfleisch sowie den Reis dazugeben, umrühren und 10 - 15 Minuten weitergaren.

● Zuletzt mit Salz und Muskat würzen. Mit frischer Petersilie bestreut servieren.

Schweriner Käsesuppe

40 - 50 g Butter	2 Eigelb
30 - 40 g Mehl	1/8 l süße Sahne
1 l kräftige Fleischbrühe	Salz, Pfeffer, frisch geriebener Muskat
150 g milder Hartkäse oder Rahm-Schmelzkäse	2 EL geh. Schnittlauch

● In einem größeren Topf zunächst die Butter schmelzen, dann das Mehl dazugeben und hellgelb anschwitzen.

● Den Topf von der Kochstelle nehmen und etwas abkühlen lassen. Die Fleischbrühe langsam, unter beständigem Rühren, dazugeben. Einmal aufkochen und etwa 15 Minuten auf niedriger Stufe weiterkochen lassen, dabei gelegentlich durchrühren.

● Den Hartkäse grob reiben oder den Schmelzkäse in Stückchen zerteilen. Zur Suppe geben und so lange weiter köcheln lassen, bis der Käse gelöst ist.

● Die Suppe von der Kochstelle nehmen.

● Eigelb mit Sahne verquirlen und mit Hilfe eines Schneebesens einrühren. Etwas durchziehen lassen, dann die Suppe kräftig würzen und, mit frisch gehacktem Schnittlauch bestreut, noch sehr heiß servieren.

Mein Tip:
Zur Schweriner Käsesuppe passen gut geröstete Roggen-Brotwürfel.

Mecklenburger Graupentopf
mit Hühnerfleisch

1 Suppenhuhn oder Hühnerklein von 2 Hühnern	1 Nelke, etwas Majoran
ca. 1 1/2 l Wasser, Salz	1 kleines Lorbeerblatt
1 Bund Suppengrün	weißer Pfeffer
frische Petersilie	125 g Perlgraupen
1 - 2 Zwiebeln, gewürfelt	1/8 l süße Sahne
	etwas gehackte Petersilie

● Suppenhuhn oder Hühnerklein gründlich waschen, abtropfen lassen, dann in einen großen Topf geben und mit Wasser auffüllen. Etwa 1-1 1/2 Stunden lang kochen lassen. Dabei gelegentlich abschäumen. Anschließend durchsieben, die Suppe wieder in den Topf geben und das enthäutete, von den Knochen gelöste Hühnerfleisch hinzufügen. Salzen.

● Suppengrün putzen oder schälen, waschen und kleinschneiden. Mit den Zwiebeln, Gewürzen sowie Graupen zur Suppe geben. Einmal aufkochen, dann in 40 - 50 Minuten auf niedriger Stufe garziehen lassen. Dabei gelegentlich umrühren.

● Zuletzt die Sahne unterziehen, kurz miterhitzen und das Gericht mit frisch gehackter Petersilie bestreut servieren.

Malchinger Entensuppe

750 - 800 g Entenklein (Hals, Flügel, Herz, Magen)	4 - 6 EL Öl, 2 EL Mehl
3 größere Mohrrüben (Karotten)	Saft 1/2 Zitrone, 2 Äpfel
1 größere Zwiebel	175 g Backpflaumen (gut eingeweicht, entkernt)
1 Stange Porree (Lauch)	etwas Weinessig
1/2 Stück Sellerie (ca.150 g)	1 EL Zucker
Salz, 1 Lorbeerblatt	Salz, Pfeffer

● Das Entenklein putzen, gründlich waschen und in ca. 1 1/4 l kaltem Wasser ansetzen, aufkochen und abschäumen.

● Das Gemüse schälen oder putzen und kleinschneiden. Die Hälfte zum Entenklein geben, salzen und das Lorbeerblatt einlegen. Zugedeckt auf mittlerer Stufe in ca. 40 - 50 Minuten garkochen.

● Das Öl erhitzen, darin das restliche Gemüse andünsten. Mit Mehl bestäuben, leicht anbräunen lassen und mit der durchgesiebten Entenbrühe auffüllen. Aufkochen, und mit Zitronensaft abschmecken.

● Die Äpfel schälen, vierteln, vom Kerngehäuse befreien und grob würfeln. Mit den kleingeschnittenen Backpflaumen zur Suppe geben, kurz mitgaren lassen und zuletzt mit etwas Weinessig, Zucker sowie Pfeffer pikant abschmecken.

Rügener Aalsuppe

450 g Aal, fertig vorbereitet	1 kleine Stange Porree (Lauch)
Salz, 2 Gewürznelken	75 g Butter, 70 g Mehl
1 Lorbeerblatt	1 EL Zitronensaft
1 - 2 Pimentkörner	etwas trockener Weißwein
75 g magerer Speck	2 EL gemischte, gehackte Kräuter (z.B. Dill, Petersilie, Kerbel)
100 g Zwiebeln	6 EL saure Sahne
100 g Mohrrüben (Karotten)	
1/4 Stück Sellerie (ca. 80 g)	

● Den Aal kurz kalt abspülen und mit Küchenpapier trockentupfen, anschließend vorsichtig entgräten und die Gräten zusammen mit den Gewürzen in etwas gesalzenem Wasser etwa 30 Minuten lang köcheln lassen.

● Den Speck würfeln, das Gemüse putzen, schälen, waschen und kleinschneiden.

● In einem größeren Kochtopf den Speck in der Butter langsam ausbraten, das Gemüse dazugeben und für einige Minuten mitdünsten. Nun mit Mehl bestäuben, dieses gut untermischen und das Ganze mit der durch ein feines Sieb gegossenen Grätenbrühe ablöschen.

● Etwa 20 Minuten bei milder Hitze durchziehen lassen, dabei gelegentlich umrühren. Die etwa 2 cm dick geschnittenen Aalfilets hinzugeben und etwa 10 - 15 Minuten lang in der Suppe garziehen lassen.

● Zuletzt die Rügener Aalsuppe mit Zitronensaft, einem Schuß Weißwein sowie Salz und Pfeffer abschmecken.

● Von der Kochstelle nehmen, Kräuter mit saurer Sahne unterrühren und sofort servieren.

Stralsunder Fischtopf

500 g Fischfilets von verschiedenen Seefischen	1 Lorbeerblatt
Saft 1/2 Zitrone	1 l Fischbrühe (selbstgekocht oder aus dem Glas)
2 Bund Suppengrün	150 g kleine Nudeln
2 Zwiebeln, gehackt	100 g frische Pfifferlinge
1 Knoblauchzehe, zerdrückt	frischer Dill
5 - 6 EL Pflanzenöl	Salz, weißer Pfeffer

● Die Fischfilets kurz kalt abspülen, mit Küchenpapier trockentupfen und in größere Stücke zerteilen. Mit Zitronensaft beträufeln und zum Durchziehen beiseite stellen.

● Das Suppengrün putzen, schälen und würfeln oder stifteln, dann gründlich waschen. Abtropfen lassen.

● Zwiebeln mit Knoblauch in Pflanzenöl andünsten, Suppengrün und Lorbeerblatt dazugeben und gut durchmischen. Die Fischbrühe angießen. Einmal aufkochen lassen, die Nudeln hinzufügen, umrühren und bei milder Hitze etwa 10 - 12 Minuten lang köcheln lassen.

● Inzwischen die Pfifferlinge putzen, kräftig abbrausen und zusammen mit dem Fisch zur Suppe geben.

● Nach 5 - 8 Minuten kräftig würzen, den Dill dazugeben und sogleich servieren.

Fischsülze mit Bratkartoffeln

- 200 g Mohrrüben (Karotten)
- 1/4 l Fleischbrühe
- 3/8 l trockener Weißwein
- Salz
- 6 zerstoßene Pfefferkörner
- 3 Pimentkörner
- 2 Gewürznelken
- 2 Wacholderbeeren
- 1 Lorbeerblatt
- 800 g Fischfilet (z.B. Heilbutt, Dorsch oder Hecht)
- 1 Eiweiß
- etwas Zitronensaft
- 8 - 9 Blatt weiße Gelatine
- 2 hartgekochte Eier
- 5 schwarze Oliven
- frisch gehackter Dill

● Die Mohrrüben schälen und waschen. Unzerkleinert in der Fleischbrühe in ca. 15 - 20 Minuten weichkochen, herausnehmen, abtropfen und erkalten lassen. Weißwein und Gewürze in die Suppe geben und ca. 10 Minuten lang mitkochen.

● Das Fischfilet kurz abspülen, mit Küchenpapier trockentupfen und in die Flüssigkeit geben. Ca. 10 - 15 Minuten garziehen lassen, dann mit Hilfe eines Schaumlöffels vorsichtig herausheben und zum Abkühlen beiseite stellen.

● Die Brühe durch ein Sieb gießen. Steifgeschlagenes Eiweiß untermischen, einmal aufkochen, den entstehenden Schaum abheben, dann durch ein mit Papier ausgelegtes Sieb oder durch ein Tuch filtern. So wird die Sülzbrühe sehr schön klar.

● Mit Zitronensaft abschmecken. Eingeweichte, ausgedrückte Gelatine in der heißen Flüssigkeit auflösen. Gut durchmischen.

● Die Mohrrüben und Eier in gleichdicke Scheiben schneiden.

● Eine kalt ausgespülte Kastenform (Länge ca. 28 cm) ca. 1 cm hoch mit der Sülzbrühe ausgießen. Die Form so hin- und herbewegen, daß Boden und Wände mit Gelee überzogen werden. Im Kühlschrank erstarren lassen.

● Nun die Form mit Oliven-, Ei- und Mohrrübenscheiben am Boden und an den Seitenwänden dekorativ auslegen. Wieder einen Teil der Geleemasse daraufgeben und erstarren lassen. Den grob zerteilten Fisch, sowie Dill und Reste der Garnitur einfüllen. Zuletzt mit Geleemasse auffüllen und die so vorbereitete Sülze in ca. 4 - 5 Stunden im Kühlschrank festwerden lassen.

● Zum Servieren die Fischsülze vorsichtig auf eine längliche Platte stürzen. Hierzu die Kastenform kurz in heißes Wasser eintauchen, damit sich das Gelee wieder vom Formenrand löst.

Beilage:
Zur Fischsülze passen am besten in heißem Butterschmalz geröstete Bratkartoffeln und eine pikante Remouladensoße.

Räucherfischsuppe mit Gemüse

4 geräucherte Bücklinge	2 kleine Stangen Porree (Lauch)
etwas Butter	1 Zwiebel
1 - 2 EL Tomatenmark	3 Mohrrüben (Karotten)
etwas Majoran	1 1/2 l Fleischbrühe
2 EL geh. Petersilie	Salz, Pfeffer
80 g magerer Speck	

● Die Bücklinge häuten, sorgfältig entgräten und in kleine Stücke zerpflücken. In einer mittelgroßen Pfanne in der Butter erhitzen, das Tomatenmark dazugeben, durchmischen und mit Majoran sowie reichlich gehackter Petersilie würzen. Beiseite stellen. Den Speck fein würfeln und in einem größeren Topf auslassen. Den gespitzten, in Streifen geschnittenen Porree und die geschälte, feingewürfelte Zwiebel darin andünsten. Die Mohrrüben putzen, stifteln und mit den geschälten, in dünne Scheibchen geschnittenen Kartoffeln dazugeben.

● Mit der Brühe soviel auffüllen, daß alle Zutaten gut bedeckt sind. Auf niedriger Stufe in ca. 30 Minuten garkochen, dann die vorbereiteten Bücklinge und die restliche Brühe hinzufügen.

● Nochmals erhitzen, mit Salz und Pfeffer abschmecken und sehr heiß servieren.

„Pfannenfisch"

750 g vorgekochte Pellkartoffeln	Salz, weißer Pfeffer
125 g magerer Bauchspeck	1 Prise Cayennepfeffer
1 EL Öl oder Margarine	4 Eier
4 mittlere Zwiebeln	je 60 - 70 ml Milch und Sahne
500 g gebratener oder gekochter Fisch (Aal, Hering oder Dorsch)	1/2 EL mittelscharfer Senf
	frische Petersilie

● Die Pellkartoffeln schälen und würfeln. Den Speck in kleine Stücke schneiden und mit dem Fett in einer größeren Pfanne ausbraten. Zuerst die geschälten, grob gehackten Zwiebeln darin glasig dünsten, dann die Kartoffeln dazugeben und miträsten.

● Den entgräteten Fisch daruntermischen und alles gut würzen.

● Die Eier mit Milch und Sahne verquirlen. Senf sowie reichlich feingehackte Petersilie unterrühren und die Masse über die Kartoffeln gießen. Stocken lassen, dann heiß servieren.

Beilage:
Rote-Rüben- oder Kopfsalat

Hecht in Sahnesoße

- 1 küchenfertiger Hecht von ca. 1,5 kg
- 2 - 3 EL Zitronensaft
- 1 TL Salz
- 125 g fetter Speck
- 75 g Butter
- 1 Zwiebel
- 1 Mohrrübe (Karotte)
- 1/8 saure Sahne
- 1 EL Mehl
- etwas trockener Weißwein
- weißer Pfeffer
- 2 geschälte große Kartoffeln

● Den Hecht gründlich unter fließendem kaltem Wasser säubern und mit Küchenpapier trockentupfen. Innen mit Zitronensaft beträufeln und salzen.

● Den Speck in 10 cm lange Streifen schneiden und damit den Fisch spicken.

● Die Bratpfanne des Backofens mit etwas Butter ausfetten. Die Kartoffeln an einer Seite glattschneiden, in die Pfanne legen und den Fisch mit der offenen Bauchseite daraufsetzen.

● Die restliche Butter etwas erwärmen und den Hecht damit gleichmäßig bestreichen. Die geschälte, geviertelte Zwiebel und die geputzte, halbierte Mohrrübe dazulegen.

● Bei 200 - 220° C den Fisch im vorgeheizten Backofen 40 - 50 Minuten braten, dabei gelegentlich mit dem Abtropfsaft bestreichen.

● Saure Sahne mit Mehl glattrühren und ca. 15 - 20 Minuten vor Ende der Bratzeit über dem Fisch verteilen.

● Zum Servieren den Hecht vorsichtig aus der Pfanne heben, den Bratenfond mit der restlichen Sahnemischung aufkochen und mit Weißwein, Salz und Pfeffer abschmecken.

Beilagen:
Salzkartoffeln, Kopfsalat mit Schmand

Aal in Dillsahne

1 kg frischer, küchenfertiger Aal	1/2 Lorbeerblatt
Salz, Pfeffer	1 Stückchen Schale einer unbehandelten Zitrone
Ca. 1/4 l Wasser	1/2 Bund frischer Dill
Ca. 1/8 l trockener Weißwein	50 g Butter, 2 Eigelb
1 kleine Zwiebel	Saft 1/2 Zitrone
	Sahne

● Den Aal abziehen, gründlich waschen und mit Küchenpapier trockentupfen. In ca. 4 cm lange Stücke schneiden, dann würzen. Wasser, Wein, geschälte und feingehackte Zwiebel, Lorbeerblatt und Zitronenschale in einen Topf geben und aufkochen.

● Die Aalstücke in den Sud geben und in ca. 15 Minuten bei mittlerer Hitze weichgaren. Den Fisch mit Hilfe einer Schöpfkelle herausheben und auf eine vorgewärmte Platte legen. Zugedeckt warmhalten.

● Die Brühe noch etwas einkochen lassen.

● Butter sowie gewaschenen, feingehackten Dill einrühren, dann den

Topf von der Kochstelle nehmen und die Soße mit Eigelb legieren. Zuletzt mit Zitronensaft sowie Sahne abrunden, nochmals abschmecken, über die Aalstücke geben und sofort servieren.

Beilagen:
Salzkartoffeln, Gurkensalat

Gefüllte Backheringe Rostocker Art

- 8 mittelgroße, küchenfertige grüne Heringe
- 2 EL Zitronensaft
- Salz, weißer Pfeffer
- 80 g Butter oder Margarine
- 2 Zwiebeln
- 1 Tasse feingewürfeltes Schwarzbrot
- 2 Eier
- 6 - 8 EL Mehl
- 3 Eier, Muskat
- 1 Bund Petersilie
- 150 g Semmelmehl
- 16 Zahnstocher
- Öl zum Backen

● Die Heringe gründlich kalt waschen, mit Küchenpapier trockentupfen, auf eine Platte legen, innen leicht salzen und pfeffern, dann mit Zitronensaft beträufeln und durchziehen lassen.

● Für die Füllung das Fett erhitzen und die geschälten feingeschnittenen Zwiebeln darin glasig dünsten, das Schwarzbrot dazugeben, würzen, gut durchmischen, zuletzt die verquirlten Eier darüber geben. Unter mehrmaligem Wenden fertiggaren, dann beiseite stellen und abkühlen lassen. Die vorbereiteten Heringe damit füllen und mit je 2 Zahnstochern feststecken.

● Dann die Fische einzeln im Mehl wenden, durch verquirltes, leicht gesalzenes und mit etwas Muskat und viel gehackter Petersilie gewürztes Ei ziehen. Zuletzt in Semmelmehl panieren.

● In heißem Öl von beiden Seiten knusprig braun anbraten und auf niedriger Stufe fertigbraten.

Beilage:
Kartoffelbrei, Rote-Rüben-Salat

Überkrusteter Schellfisch

600 g Schellfisch-Filet (4 Scheiben)
Saft 1/2 Zitrone, Salz
2 Stangen Porree (Lauch)
1 Zwiebel, 1 EL Butter
4 feste Tomaten
Butter für die Form

Soße:
200 ml süße Sahne
125 ml Milch
2 geh. EL Stärkemehl
Salz, 1 Prise Zucker
1/2 TL Senf
100 g geriebener Käse (z.B. Emmentaler)
30 g Butter
1 EL geh. Schnittlauch

● Die Fischfilets kurz kalt abspülen und mit Küchenpapier trockentupfen. Auf einen Teller legen, mit Zitronensaft beträufeln und salzen. Etwas durchziehen lassen.

● Den Porree putzen, in längliche Stücke schneiden, gründlich waschen und gut abtropfen lassen, mit der geschälten, kleingeschnittenen Zwiebel in heißer Butter andünsten.

Abwechselnd mit den gewaschenen, in dicke Scheiben geschnittenen Tomaten in eine gefettete Auflaufform legen und die Fischstücke aufsetzen.

● Den Backofen auf 210 - 230° C vorheizen.

● Für die süße Sahne, Milch, Stärkemehl, Salz, Zucker und Senf verrühren. Über den Fisch in die Form gießen, dann mit Käse bestreuen und zuletzt Butterflöckchen aufsetzen.

● In den Ofen schicken und ca. 15 Minuten garen, dann den Grill einschalten und das Gericht noch ca. 5 Minuten überkrusten lassen.

● Mit Schnittlauch bestreut in der Form servieren.

Beilagen:
Kartoffelbrei, Kopfsalat mit Schmand

Gebratene Ostsee-Flundern

8 küchenfertige Flundern à 150 g	50 g Butter oder Margarine
Saft 1 Zitrone	175 g magerer Speck in Streifen
Salz, weißer Pfeffer	40 g Butter
6 EL Mehl	2 EL geh. Petersilie

● Die Flundern kurz kalt abspülen und mit Küchenpapier trockentupfen. Die Rückenhaut kreuzweise einschneiden, dann die Fische in Zitronensaft sowie Salz und Pfeffer marinieren. Zum Durchziehen stehen lassen, danach in Mehl wälzen und in heißem Fett beidseitig anbraten. Die Speckstreifen dazugeben und auf niedriger Stufe fertigbraten.

● Auf vorgewärmte Teller legen. Die gehackte Petersilie in heißer Butter kurz andünsten, dann mit dem Speck über die Fische verteilen.

Beilage:
Pellkartoffeln, Kopfsalat

Mecklenburger „Spickaal“

600 g Räucheraal
Mehl
1 Ei
Semmelmehl (Paniermehl)
3 - 4 EL Butter oder Butterschmalz
Salatblätter,
Zitronenecken

● Den Räucheraal in vier große Stücke zerteilen, die Haut abziehen und der Länge nach halbieren, dann die Rückengräte vorsichtig entfernen.

● Die Fischstücke einzeln panieren, hierzu erst in Mehl wälzen, dann durch verquirltes Ei ziehen und das Semmelmehl andrücken.

● In heißem Fett von beiden Seiten goldbraun ausbacken und mit Salatblättern sowie Zitronenecken garniert servieren.

Rügener Fischtopf

100 g durchwachsener Speck
2 Zwiebeln
1 1/2 EL Mehl
400 g Kartoffeln
1 Bund Suppengrün
Wasser
1 - 2 Nelken
1/2 Lorbeerblatt
3 Pimentkörner
Salz, weißer Pfeffer
600 - 700 g Seefischfilet (z.B. Schellfisch oder Kabeljau)
1 EL frisch ger. Meerrettich
125 g Schmand oder Créme fraîche
2 - 3 EL geh. Dill

● Den Speck in einem größeren Topf auslassen. Die geschälten, feingehackten Zwiebeln dazugeben und glasig dünsten. Mit Mehl bestäuben und unter beständigem Rühren hellbraun rösten.

● Die Kartoffeln schälen, waschen, kleinschneiden und mit dem ebenfalls geputzten, gewaschenen Suppengrün dazugeben. Mit ca. 1/2 l Wasser aufgießen und würzen. Aufkochen, dann zugedeckt ca. 20 Minuten auf mittlerer Stufe weitergaren.

● Umrühren, den grob gewürfelten Fisch darauf legen und 10 - 15 Minuten weiterköcheln lassen.

Meerrettich und Schmand verrühren, über die Fischstücke verteilen und vorsichtig unterheben.

● Kurz durchziehen lassen, dann das Gericht mit Dill garniert servieren.

Seelachs mit Gartengemüse

600 g frisches Seelachsfilet	1 Gewürzgurke
1 EL Zitronensaft	1 TL Kapern
Salz, weißer Pfeffer	2 EL Butter
je 6 EL trockener Weißwein und kaltes Wasser	etwas Paprikapulver
1 größerer Apfel	1 Msp. Cayennepfeffer
1 Zwiebel, 3 - 4 Tomaten	1 Prise Zucker
50 g gekochter Schinken	2 EL geriebener Käse
	frisch geh. Petersilie

● Das Seelachsfilet unter kaltem Wasser abspülen und mit Küchenpapier trockentupfen. Auf einen Teller geben, mit Zitronensaft beträufeln und würzen. Etwas durchziehen lassen, dann in eine halbhohe Pfanne legen, Wein mit Wasser gemischt darüberträufeln und zugedeckt in ca. 10 - 12 Minuten dünsten.

● Inzwischen Apfel und Zwiebel schälen und grob würfeln. Die Tomaten kreuzweise einschneiden, heiß überbrühen, häuten und ebenfalls würfeln. Schinken, Gewürzgurke und Kapern sehr klein schneiden.

● Alle Zutaten in heißer Butter andünsten, mit Salz, Pfeffer, Paprikapulver, Cayennepfeffer und Zucker würzen.

● Den Fisch in eine gefettete Auflaufform geben, die Gemüsezutaten gleichmäßig darüber verteilen, mit Käse bestreuen und unter dem heißen Grill oder im auf 250° C vorgeheizten Backofen so lange stehen lassen, bis der Käse geschmolzen ist. Mit frisch gehackter Petersilie bestreut servieren.

Beilage:
Reis oder Salzkartoffeln

Mecklenburger „Fischerfrühstück“

600 g Räucherfisch (Bückling oder Makrele)	1/4 l Milch
4 altbackene Brötchen	125 g magerer Speck
3 Eier	1 Bund Schnittlauch
	Salz, Pfeffer, Muskat

● Den Fisch häuten, filetieren und sauber entgräten. Die Eier mit Milch verquirlen, würzen, feingehackten Schnittlauch zugeben und die in dicke Scheiben geschnittenen Brötchen darin einweichen.

● Den Speck würfeln, in einer großen Pfanne auslassen, die Brötchenscheiben darin von beiden Seiten anbraten, dann die Fischstücke dazugeben. Gut durchrösten lassen, danach sehr heiß servieren.
Beilage: Senfgurken, Salat

Schollenfilets mit Schmorgurken

500 g Schollenfilet	2 Zwiebeln
2 EL Zitronensaft, Salz	weißer Pfeffer
500 g Schmorgurken (Gemüsegurken)	300 g vorgekochte Erbsen
30 - 40 g Butter oder Margarine	4 kleine, feste Tomaten
	1 EL frischer Dill

● Die Schollenfilets waschen, mit Küchenpapier trockentupfen, auf einen Teller geben und mit Zitronensaft beträufeln sowie salzen. Durchziehen lassen.

● Die Schmorgurken schälen, waschen, halbieren, mit einem Löffel die Kerne herausschaben und in dicke Stücke schneiden.

● Die Zwiebeln schälen, fein würfeln, dann in einer

großen Pfanne in heißem Fett glasig dünsten. Die Gurken dazugeben, kräftig würzen und für ca. 10 Minuten dünsten. Die Erbsen untermischen und anschließend die vorbereiteten Schollenfilets darauflegen. Zugedeckt bei mittlerer Stufe in 8 - 10 Minuten garziehen lassen.

● Inzwischen die Tomaten heiß überbrühen, häuten und halbieren. An den Rand der Pfanne legen und ca. 5 Minuten mitdünsten.

● Zuletzt das Gericht auf einer vorgewärmten Platte dekorativ anrichten und mit frischem Dill garniert servieren.

Beilage: Salzkartoffeln

Ostseedorsch in Senfbutter

4 Scheiben frisches Dorschfilet à 200 g

Salz, 1 EL Zitronensaft

1 Zwiebel

4 Pfefferkörner

4 - 6 EL Obstessig

Senfbutter:

150 g Butter

1 1/2 TL Senf

etwas Fischsud

● Die Dorschstücke kurz kalt abspülen und mit Küchenpapier trockentupfen, salzen und mit Zitronensaft beträufeln, etwas durchziehen lassen, dann in einen Fischtopf geben.

● Die Zwiebeln schälen, in Ringe schneiden und auf dem Fisch verteilen. Zerstoßene Pfefferkörner und Essig hinzufügen. So viel Wasser dazugeben, daß die Fischstücke gerade bedeckt sind. Etwa 12 - 15 Minuten zugedeckt dünsten lassen.

● Inzwischen die Senfbutter vorbereiten. Hierzu die Butter zerlassen, Senf und etwas Fischsud einrühren, erhitzen.

● Die Fischstücke anrichten und mit der Butter überziehen. Sofort servieren.

Beilage:
Bratkartoffeln oder Kartoffelsalat

Pommersche Schmandklopse mit Kapern

<u>Klopse:</u> 600 g gemischtes Hackfleisch vom Rind, Schwein und Kalb	30 g Semmelmehl
1/2 Salzhering	Salz, Pfeffer
1 - 2 Eier	1 Prise Ingwer
6 EL Schmand (dicke Sahne) oder Créme fraîche	<u>Schmand-Soße:</u> 3/8 l Fleischbrühe
	1/2 Lorbeerblatt
	1 EL Butter

etwas abgeriebene Schale 1 unbehandelten Zitrone	1 EL Kapern, 1 EL Senf
6 Pfefferkörner	8 EL Schmand (dicke Sahne) oder Créme fraîche

● Das Hackfleisch in eine Rührschüssel geben. Den Salzhering von allen Gräten befreien, kleinschneiden und mit allen übrigen Zutaten zu einem geschmeidigen Fleischteig verkneten. Hierzu am besten den Elektroquirl mit Knethaken einsetzen. Aus dem Teig mit nassen Händen 8 gleichgroße Klopse formen.

● Die Fleischbrühe mit Lorbeerblatt, Butter, Pfefferkörnern und Zitronenschale zum Kochen bringen. Die Klopse hineingeben, herunterschalten und ca. 10 - 12 Minuten lang garziehen lassen, dann herausnehmen und warm stellen.

● Die Brühe ca. 15 Minuten im offenen Topf einkochen lassen, dann mit Schmand sowie Kapern mischen und kurz erhitzen. Von der Kochstelle nehmen, den Senf einrühren und die Klopse dazugeben. Nochmals kurz erwärmen.

Beilagen: Reis, rote Rüben

Mein Tip:
Nachdem zuletzt die Klopse in die fertig vorbereitete Soße eingelegt worden sind, darf das Gericht nur noch erwärmt, d.h. nicht aufgekocht, werden.

Rügener Schweinegulasch mit Gemüse

500 g Schweinenacken oder -schulter	Salz, Pfeffer, Cayennepfeffer
4 Zwiebeln	Paprikapulver
6 - 8 EL Öl	etwas frischer Knoblauch
6 feste Tomaten	1/8 l Fleischbrühe
2 Schmorgurken oder Zucchini	4 EL süße Sahne
	1 1/2 TL Stärkemehl

● Das Fleisch kurz kalt abspülen, mit Küchenpapier trockentupfen und würfeln. Mit den geschälten, feingehackten Zwiebeln in heißem Öl kräftig anbraten. Mit Paprikapulver und etwas Cayennepfeffer bestreuen, dann die gewürfelten Tomaten und kleingeschnittenen Schmorgurken dazugeben. Mit Salz, Pfeffer sowie frisch gepreßtem Knoblauch würzen. Die Fleischbrühe hinzufügen und alles zusammen ca. 45 Minuten dünsten lassen. Zuletzt die mit Stärkemehl angerührte Sahne dazugeben und nochmals kurz erwärmen, jedoch nicht kochen.

Beilage:
Schwarz- bzw. Weißbrot oder Reis

Mecklenburger Lammkeulenbraten

1,5 kg Lammkeule	2 EL Butter, Salz
Salz, Pfeffer	Thymian, Rosmarin
Thymian, Rosmarin	zum Braten: Öl oder Butterschmalz
etwas Öl, 1/2 TL Senf	1 - 2 Knoblauchzehen nach Belieben
Füllung: 125 g Trockenpflaumen	50 g Butter, Wasser
100 ml guter Rotwein	etwas Küchengarn oder einige Holzstäbchen
2 Lamm-Nieren (evtl. vorbestellen)	

● Die Lammkeule kurz kalt abspülen und mit Küchenpapier trockentupfen. Salz, Pfeffer, Thymian und Rosmarin mit Öl sowie Senf verrühren und das Fleisch damit von allen Seiten gleichmäßig einreiben. Mit Folie bedeckt ca. 2 Stunden im Kühlschrank ruhen lassen.

● Inzwischen die Füllung vorbereiten. Hierzu die gewaschenen Trockenpflaumen in den etwas erwärmten Rotwein geben und ca. 1 Stunde lang einweichen. Die Pflaumen abtropfen lassen und die Flüssigkeit auffangen. Die Nieren enthäuten, in kleinere Würfel schneiden

und in heißer Butter anbraten. Mit etwas Rotwein ablöschen, leicht salzen und die Kräuter dazugeben, etwas durchziehen lassen. Abgekühlt mit den Pflaumen mischen.

● Den Backofen auf 210 - 230° C vorheizen.

● Die Lammkeule mit der Pflaumenmischung füllen und zunähen oder feststecken.

● In einem großen Bräter auf der Kochstelle Öl oder Butterschmalz erhitzen, die Lammkeule mit den geschälten Knoblauchzehen hineinlegen, kurz anbraten, den restlichen Rotwein dazugeben und den Bräter in den heißen Backofen geben.

● Nach ca. 20 Minuten auf 200° C zurückschalten, 20 g Butter auf der Keule verteilen und weitere 40 Minuten braten lassen, dabei gelegentlich mit dem Fond begießen und evtl. noch etwas Wasser hinzufügen.

● Nach Ablauf der Bratzeit die Keule herausnehmen, in Alufolie einwickeln und ca. 10 Minuten ruhen lassen.

● Inzwischen den Bratensatz mit Wasser lösen, die Knoblauchzehen mit einer Gabel zerdrücken und die restliche Butter unterrühren. Abschmecken. Die Soße separat zur aufgeschnittenen Lammkeule servieren.

Beilage:
Kartoffelbrei (Stampfkartoffeln) und Kraut- oder Selleriesalat

Mecklenburger Rippenbraten

2 kg leicht gepökelte Schmorrippe vom Schwein (vom Metzger eingeschnitten)	Schale und Saft 1 unbehandelten Zitrone
Küchengarn	125 g Semmelmehl
Füllung: 3 säuerliche Äpfel	Salz, weißer Pfeffer
250 g Backpflaumen	zum Braten: Butterschmalz
1 - 2 EL Zucker	1/2 l Brühe
	1 - 2 EL Stärkemehl

● Die Schmorrippe kurz kalt abspülen und mit Küchenpapier trockentupfen, innen und außen mit Salz und Pfeffer würzen.

● Die Äpfel schälen, achteln, vom Kerngehäuse befreien und grob würfeln. Die Backpflaumen einweichen, gut ausdrücken und kleinschneiden. Mit den Äpfeln, Zucker, Zitronensaft sowie -schale, Semmelmehl und Gewürzen gut durchmischen. Den Braten damit füllen und mit Küchengarn zunähen.

● Auf der Kochstelle in einem ausreichend großen Bräter in heißem Butterschmalz rundum anbraten. Etwas Brühe angießen, zudecken und im auf 200 - 220° C vorgeheizten Backofen ca. 90 Minuten lang schmoren lassen. Den Deckel abheben und weitere 30 Minuten offen braten, dabei evtl. erneut Brühe darübergießen.

● Das Fleisch herausnehmen und warm stellen. Den Bratenfond loskochen, etwas Fett abschöpfen und mit in kaltem Wasser angerührtem Stärkemehl binden.

● Das Küchengarn entfernen, den Braten in Scheiben schneiden und die Soße separat dazu servieren.

Beilagen:
Kartoffelklöße, Grüner Salat und frische „Schluppen“ (Frühlingszwiebeln)

Gefüllter Schweinerücken

1,2 kg Schweinerücken	100 g entsteinte Backpflaumen
Salz, weißer Pfeffer	400 ml heiße Fleischbrühe
1 Zwiebel	1 - 2 EL Stärkemehl
70 g Butterschmalz	1/2 TL Majoran
100 g gemischtes Hackfleisch	Küchengarn oder Holzstäbchen

● Das Fleisch kurz kalt abbrausen und mit Küchenpapier trockentupfen. In den Schweinerücken mit Hilfe eines scharfen Messers eine ausreichend große Tasche einschneiden, dann innen und außen mit Salz und Pfeffer würzen.

● Die Zwiebel schälen und fein würfeln. In 20 g Butterschmalz glasig dünsten, dann das Hackfleisch dazugeben, mit Majoran würzen und unter beständigem Wenden ca. 5 - 6 Minuten anbraten. Die Pfanne von der Kochstelle nehmen, die kleingeschnittenen Backpflaumen darunterheben und gut durchmischen. Abkühlen lassen, dann locker in die vorbereitete Fleischtasche füllen und Zunähen oder feststecken.

● In einem ausreichend großen Bräter mit passendem Deckel das restliche Butterschmalz erhitzen und darin das Fleisch von allen Seiten anbraten. Mit 300 ml Fleischbrühe aufgießen, dann zudecken und im vorgeheizten Backofen bei 200 - 220° C in ca. 2 Stunden fertigbraten, dabei gelegentlich mit dem Fond begießen.

● Den Braten herausnehmen, auf eine vorgewärmte Platte geben und warmhalten. Die restliche Fleischbrühe mit dem Mehl glattrühren, zum Fond gießen und aufkochen, dann abschmecken.

● Vor dem Aufschneiden das Küchengarn oder die Holzstäbchen entfernen und die Soße separat zum Fleisch servieren.

Beilagen:
Kartoffelklöße, Apfel-Rotkohl

Die
Küche

Labskaus nach alter Art

750 g gepökeltes Rindfleisch (z.B. Keule oder Brust)	1 kg Kartoffeln
1 Lorbeerblatt	2 mittlere Zwiebeln
1 TL weiße Pfefferkörner	40 - 50 g Butter
1 Nelke	4 Matjesfilets
1 Stange Porree (Lauch)	2 Gewürzgurken
1 kleine Sellerieknolle	400 g vorgekochte, rote Rüben (Rote Beete)
1 Mohrrübe (Karotte)	4 Spiegeleier
1 kleine Petersilienwurzel	2 Gewürzgurken

● Das gepökelte Rindfleisch mit dem Wasser in einen großen Topf geben, die Gewürze hinzufügen und nach dem Aufkochen ca. 1 1/2 Stunden bei mittlerer Hitze garziehen lassen. Anfangs den sich bildenden Schaum vorsichtig mit Hilfe einer Schöpfkelle abheben.

● Nach ca. 1 Stunde das geputzte, geschälte, gewaschene und kleingeschnittene Gemüse dazugeben.

● Die Kartoffeln schälen, waschen und ohne Salzzugabe, getrennt, sehr weich kochen, dann abgießen.

● Die Zwiebeln ebenfalls schälen, würfeln und in 1 EL Butter glasig dünsten.

● Fleisch und Gemüse aus der Brühe nehmen. Das Fleisch kleinschneiden. Mit den Kartoffeln, dem Matjesfilet, den Zwiebeln, den Gewürzgurken und den roten Rüben nacheinander durch die mittlere Scheibe des Fleischwolfes drehen. So viel Fleischbrühe dazugeben, daß ein weicher Brei entsteht. Mit Salz und Pfeffer abschmecken, dann nochmals kurz erwärmen.

● Die Spiegeleier in der restlichen Butter braten.

● Den Labskaus auf vorbereitete Teller verteilen, darauf je ein Ei geben und mit Gurkenfächern garniert servieren.

Fortsetzung Seite 44

Beilage:
Bauernbrot

Meine Tips:
Das Rindfleisch sollten Sie am besten einige Tage vorher beim Metzger bestellen und pökeln lassen, damit es durch und durch rosafarben wird. Zum Labskaus servieren Sie am besten ein kühles Bier und nachher einen guten „Korn".

Interessant für Sie:
Eine alte Geschichte erzählt, daß auf längeren Fahrten, dann wenn der Proviant langsam zu Ende ging, dem Schiffskoch oft nichts anderes übrig blieb, als alle „Reste" zusammen zu mischen. Gepökeltes Fleisch und Salzheringe waren immer dabei, denn die ließen sich monatelang aufbewahren. Der Labskaus ist daher ein altes „Seemannsgericht", das an der gesamten Ostseeküste sehr beliebt ist. In Mecklenburg-Vorpommern schmeckt es besonders „intensiv", da hier wohl die besten Kartoffeln wachsen und dem Gericht ein besonderes Aroma geben.

Schweriner Wildragout

1 kg Wildfleisch vom Reh, Hirsch oder Wildschwein	1 Zwiebel
Salz	1 Mohrrübe (Karotte)
6 zerstoßene Pfefferkörner	1/8 Stück Sellerie
4 Wacholderbeeren	1 kleine Petersilienwurzel
1/2 Lorbeerblatt	1 - 2 EL Mehl
Thymian	5 EL Schmand (saure Sahne)
1 EL Zitronensaft, Wasser	1 Glas Rotwein
30 - 40 g Butterschmalz	2 EL Preiselbeergelee

● Das Wildfleisch kurz kalt abspülen und mit Küchenpapier trockentupfen. Salzen. Mit Pfefferkörnern, Wacholderbeeren, Lorbeerblatt, Thymian unter Zugabe von Zitronensaft sowie genügend Wasser in 1 - 1 1/2 Stunden weichgaren. Herausnehmen, abkühlen lassen und anschließend würfeln. Die Kochflüssigkeit durchsieben.

● In einem größeren Bräter das Butterschmalz erhitzen. Geschälte, feingeschnittene Zwiebel und geputztes, kleingewürfeltes Suppengemüse darin anrösten, das Wildfleisch dazugeben, kurz anbraten und mit etwas Kochflüssigkeit aufgießen. Zugedeckt in ca. 45 Minuten weich dünsten.

● Zuletzt mit Mehl bestäuben, mit Schmand, Rotwein und Preiselbeergelee abschmecken. Offen noch etwas einkochen lassen, dann servieren.

Beilage:
Stampfkartoffeln mit Buttermilch, Rosenkohl oder Selleriesalat

„Klopp" (Klopf)-Schinken

- 500 g in 4 dicke Scheiben geschnittener, mild geräucherter Schinken
- weißer Pfeffer, Muskat
- 1/2 l Milch
- 5 EL Mehl
- 3 Eier
- 4 - 5 EL Öl
- Saft von 1/2 Zitrone

● Die Schinkenscheiben leicht klopfen und für ca. 3 Stunden in die mit etwas Muskat gewürzte Milch einlegen, dann herausnehmen und gut abtropfen lassen.

● Von beiden Seiten pfeffern, in Mehl wenden, leicht andrücken und in verquirltes Ei legen.

● Das Öl in einer großen Pfanne erhitzen und die Schinkenscheiben von beiden Seiten langsam goldbraun ausbacken.

● Aus der Pfanne nehmen, abtropfen lassen, auf eine Servierplatte geben und mit Zitronensaft beträufeln.

Beilage:
Salzkartoffeln, Kopfsalat oder gedünstetes Gemüse z.B. Spargel oder grüne Bohnen

Mecklenburger Apfel-Schweinebraten

500 g ausgelöstes Schweinekotelett	4 kleine, aromatische und feinsäuerliche Äpfel
Salz, schwarzer Pfeffer	je 1 Prise Zimt und gem. Nelken
4 EL Butterschmalz	1 EL Butter
2 Zwiebeln	

● Das Fleisch kurz kalt abspülen und mit Küchenpapier gut trockentupfen. Mit Salz und Pfeffer einreiben.

● Das Butterschmalz in einem Bräter erhitzen, das Fleisch von allen Seiten darin anbraten und etwas heißes Wasser dazugießen. Im geschlossenen Topf etwa 75 Minuten auf niedriger Stufe braten, dabei gelegentlich mit dem Fond begießen.

● Etwa 15 Minuten vor Ende der Bratzeit die geschälten, in Ringe geschnittenen Zwiebeln zum Fleisch geben.

● Die Äpfel vierteln, schälen, vom Kernhaus befreien und nochmals durchschneiden, dann ebenfalls zum Fleisch geben, mit Zimt sowie Nelken bestäuben, Butter zufügen und unter beständigem Wenden goldbraun werden lassen.

● Das Fleisch in Scheiben schneiden und mit den Beigaben anrichten.

Beilage:
Kartoffelklöße

Alt-Strelitzer Rinderbrust in süßsaurer Dillsoße

750 g Rinderbrust	75 g Butter
200 g Suppengrün (Mohrrübe, Sellerie, Porree, Zwiebel)	1 EL Mehl
Salz, 2 l Wasser	1/2 l Fleischbrühe
1 Lorbeerblatt	1 EL gem. Mandeln
6 Gewürzkörner	Salz, weißer Pfeffer
weißer Pfeffer	2 - 3 EL geh. Dill
1 Prise Muskat	3 EL süße Sahne
<u>Soße:</u> 2 Zwiebeln	1 TL Zucker
	etwas Essig, Salz und Pfeffer

● Die kurz kalt abgespülte Rinderbrust mit dem geputzten, gewaschenen und kleingeschnittenen Suppengemüse in einen großen Topf geben. Salz, Wasser und Gewürze hinzufügen. Langsam aufkochen, dabei gelegentlich abschäumen und auf niedriger Stufe in ca. 2 1/2 Stunden garkochen. Von der Brühe 1/2 l abmessen. Den Topf beiseite stellen.

● Für die Soße die Zwiebeln schälen und sehr fein schneiden. In der Butter glasig dünsten, dann das Mehl darüberstreuen und unter Rühren hellgelb anschwitzen. Von der Kochstelle nehmen und etwas abkühlen lassen.

● Nach und nach die Brühe unterrühren. Langsam aufkochen lassen, dann bei milder Hitze ca. 25 Minuten weiterköcheln und gelegentlich gut durchrühren. Von der Kochstelle nehmen, alle restlichen Zutaten dazugeben und einige Minuten ziehen lassen.

● Das Fleisch in dünne Scheiben schneiden, auf Tellern anrichten und mit etwas Soße begießen, den Rest separat dazureichen.

Beilage: Salzkartoffeln

Mein Tip:
Besonders raffiniert schmeckt die Dillsoße, wenn Sie anstelle von Essig 2 EL Rosinen, die vorher in Weinbrand eingeweicht wurden, dazugeben.

Klüzer Schmalztöpfchen

500 g Gänseflomen
125 g Schweineflomen
1 - 2 Boskop-Äpfel
1 große Zwiebel
1 Zweig Thymian

● Gänse- und Schweineflomen zu großen Würfeln schneiden und langsam in einem großen Topf auslassen. Die Äpfel schälen, vom Kernhaus befreien und mit der geschälten, ganzen Zwiebel sowie dem Thymianzweig in das Fett geben. Ist die Zwiebel braun geworden, wird Sie mit den Äpfeln herausgenommen, die Masse durchgesiebt und zum Steifwerden in einen Steintopf gefüllt.

Beilagen:
Schwarzbrot, Essiggurken und frische Tomaten

Gänsekeulen pommersche Art mit gebratenem Rosenkohl

4 Gänsekeulen à ca. 250 g
2 Knoblauchzehen
ca. 1 TL Salz, weißer Pfeffer
1/4 TL Kümmel
1 TL Majoran
40 g Butterschmalz
ca. 1 l Fleischbrühe
800 g Rosenkohl
1 EL Stärkemehl, Wasser
Muskat
1 Eigelb
1 Prise Zucker

● Die Gänsekeulen waschen, mit Küchenpapier trockentupfen und mit einer Mischung aus zerdrücktem Knoblauch, Salz, Pfeffer, Kümmel sowie Majoran einreiben.

● Das Butterschmalz in einem großen Bräter erhitzen, die Gänsekeulen darin von allen Seiten anbraten und ca. 1 Stunde lang auf niedriger Stufe schmoren lassen, dabei gelegentlich wenden und etwas Brühe angießen.

● Inzwischen den Rosenkohl vorbereiten. Hierzu den Strunk abschneiden, die äußeren Blätter entfernen und die Kohlröschen gut waschen. In leicht

gesalzenem Wasser ca. 20 - 25 Minuten weichkochen, dann abgießen.

● Die Gänsekeulen aus dem Bräter nehmen und zugedeckt warmhalten. Den Rosenkohl hineingeben, kurz anrösten und mit Fleischbrühe ablöschen. Mit in kaltem Wasser angerührtem Stärkemehl binden und mit Salz, Pfeffer sowie Muskat pikant würzen.

● Von der Kochstelle nehmen, mit Eigelb legieren und mit 1 Prise Zucker abrunden. Die Gänsekeulen auf dem Rosenkohl anrichten.

Beilage:
Salz- oder Bratkartoffeln

Gans mit Kastanienfüllung

1 junge küchenfertige Gans von ca. 4 kg
Salz, weißer Pfeffer
Beifuß
1/2 - 3/4 l Brühe aus Gänseklein
Küchengarn
Kastanienfüllung: 750 g Eßkastanien
heißes Wasser
2 Zwiebeln, 2 EL Butter
etwas Gänsebrühe
Salz, weißer Pfeffer
1 TL Zucker
4 säuerliche Äpfel (z.B. Boskop)
1 frische Gänseleber

● Die Gans gründlich unter kaltem Wasser waschen, mit Küchenpapier trockentupfen und das Flomenfett entfernen (für Gänseschmalz ausbraten). Die Bürzeldrüse herausschneiden. Innen und außen mit Salz, Pfeffer und Beifuß würzen. Durchziehen lassen.

● Inzwischen die Füllung vorbereiten. Hierzu die Kastanien mit kochendem Wasser überbrühen, dann schälen und die Haut entfernen. Die geschälten, feingewürfelten Zwiebeln in heißer Butter anrösten, mit ca. 1/4 l Gänsebrühe ablöschen und würzen. Die Kastanien dazugeben und ca. 20 Minuten mitkochen. Anschließend die geschälten, geviertelten und vom Kerngehäuse befreiten Äpfel sowie die

gewaschene, kleingeschnittene Gänseleber dazugeben. Alles gut dünsten lassen, dann zum Abkühlen beiseite stellen.

● Die so vorbereitete Füllung in die Gans geben und die Bauchöffnung zunähen.

● Den Backofen auf 220° C vorheizen.

● Die Gans mit der Brustseite nach unten in ein großes Bratgeschirr oder auf den Rost über der Fettpfanne legen, dann in den Backofen einsetzen und nach 30 Minuten die Hitze auf 180 - 190° C reduzieren. Ist die Oberseite gebräunt, die Gans wenden und unter gelegentlichem Begießen in ca. 3 1/2 Stunden fertigbraten. Zwischendurch mit einer spitzen Fleischgabel in die „Flanken“ stechen, damit das Gänsefett gut ausbraten kann. Das sich bildende Fett evtl. zwischendurch ein bis zweimal vorsichtig abschöpfen.

● Nach Ablauf der Bratzeit die Gans herausnehmen, auf eine Platte legen, das Küchengarn entfernen und die Gans im Backofen ruhen lassen.

● Den Bratenfond lösen, nochmals entfetten und aufkochen. Die zerteilte Gans mit einem Teil der Füllung servieren und die Soße separat dazu reichen.

Beilagen:
Salzkartoffeln oder Kartoffelklöße, Apfel-Rotkohl- oder Selleriesalat

Gefüllte Ente „Güstrower“ Art

1 bratfertige Mastente von ca. 2 kg

Salz, Pfeffer, Majoran

Küchengarn oder Holzspießchen

Füllung:
400 g eingeweichte, entsteinte Backpflaumen

400 g geschälte, entkernte Äpfel

100 g Rosinen oder Sultaninen (in Apfelsaft eingeweicht)

150 g geriebenes Schwarzbrot

2 EL Zucker

1 Prise Zimt	zum Braten: ca. 1/2 l heißes Wasser
2 EL Zitronensaft	1 EL Butter, Salz

- Die Ente gründlich kalt abspülen und mit Küchenpapier trockentupfen. Außen mit Salz und Pfeffer einreiben, innen mit Majoran würzen.

- Für die Füllung die Einweichflüssigkeit der Backpflaumen abgießen, dann die Pflaumen kleinschneiden und in eine Schüssel geben. Apfelwürfel, Rosinen oder Sultaninen, Schwarzbrot, Zucker, Zimt und Zitronensaft dazugeben und alle Zutaten gleichmäßig durchmischen. Etwa 20 Minuten durchziehen lassen.

- Den Backofen auf 190 - 210° C vorheizen.

- Die Ente füllen, dann zunähen oder die Öffnung zustecken.

- Mit der Brustseite nach unten in ein Bratgeschirr legen, etwas heißes Wasser angießen, dann das Geflügel in ca. 1 1/2 - 2 Stunden offen braten. Zwischendurch einmal wenden und gelegentlich begießen. Ca. 10 Minuten vor Ende der Bratzeit mit weicher Butter, die mit Salz bestreut wurde, bestreichen.

- Ist die Bratzeit abgelaufen, die Ente herausnehmen, den Fond aufkochen, evtl. binden und separat zur Ente servieren.

Beilagen:
Kartoffelklöße und Apfel-Rotkohl

Mein Tip:
Schnell und einfach verschließen Sie Geflügel mit der „Schnürsenkelmethode". Die Bauchöffnung wird dabei mit Zahnstochern durchstochen, die anschließend kreuzweise mit einem Bindfaden umwickelt werden. Nach dem Braten können Sie dann leicht die Zahnstocher herausziehen und den Faden einfach abheben.

Gänseweißsauer (Gänsesülze)

- 1/2 mittlere Gans von ca. 1,5 kg mit Gänseklein (Flügel, Hals, Magen)
- 1/2 l Obst- oder Weinessig, kaltes Wasser
- 1 kleine Mohrrübe (Karotte)
- 1/4 Stück Sellerie
- 1 Stange Porree (Lauch)
- 1 kleine Petersilienwurzel
- 1 Zwiebel
- Salz, 8 zerdrückte Pfefferkörner
- 1 Bund Petersilie
- 6 Gewürzkörner
- 2 Lorbeerblätter
- 1/2 TL Beifuß
- etwas Zucker
- ca. 200 g vorgegartes Wurzelgemüse (Mohrrüben, Zwiebeln etc.)
- 3 hartgekochte Eier
- Blattgelatine bei Bedarf
- 2 Essiggurken

● Die Gans sowie das Gänseklein zerteilen, gründlich waschen und in einen großen Topf geben. Mit 1/2 l Essig und soviel kaltem Wasser ansetzen, daß alles knapp bedeckt ist. Anschließend langsam zum Kochen bringen, dabei immer wieder den sich bildenden Schaum vorsichtig abheben.

● Das geputzte, gewaschene und kleingeschnittene Wurzelgemüse sowie die geschälte, kleingeschnittene Zwiebel und alle Gewürzzutaten dazugeben, auch die Stengel der gewaschenen Petersilie.

● Etwa 2 1/2 - 3 Stunden langsam „köcheln" lassen, dabei gelegentlich kontrollieren und ggf. noch etwas Wasser hinzugiessen. Dann das Fleisch aus der Brühe nehmen und vom Knochen lösen. Die Brühe durchsieben und mit Pfeffer sowie Zucker pikant abschmecken.

● Das Gänsefleisch im Wechsel mit dem bereits vorgegarten Wurzelgemüse sowie Eischeiben und Petersilienblättchen in eine kalt ausgespülte Schüssel oder eine längliche Kastenform füllen und mit der Weißsauerbrühe übergießen, bis alles bedeckt ist.

● Ausgekühlt im Kühlschrank fest werden lassen, dann kurz in heißes Wasser eintauchen, stürzen und mit Essiggurken garniert servieren.

Beilage:
Bratkartoffeln

Meine Tips:
Anstelle der halben Gans können Sie auch eine kleine Ente verwenden. Wichtig für dieses Gericht ist, daß Sie beim Kochen nur wenig Flüssigkeit verwenden, damit die Gänsebrühe gut fest wird. Ist das Gericht fertig, so läßt man am besten 2 - 3 Eßlöffel in einem kleinen Schälchen im Kühlschrank erstarren, um festzustellen, ob die Gelierkraft ausreicht. Falls notwendig, so geben Sie noch 1 - 2 Blatt kalt eingeweichte, ausgedrückte Gelatine dazu.

Mecklenburger Selleriesalat

1 große Sellerieknolle, Salz
2 säuerliche Äpfel (z.B. Boskop)
1 kleine Stange Porree (Lauch)
4 EL Mayonnaise
100 ml Buttermilch
1 gestr. EL Senf
1 Prise Zucker, weißer Pfeffer
etwas Paprikapulver
frische Petersilie

● Die Sellerieknolle von Blättern und Wurzeln befreien, dann unter fließendem Wasser gründlich bürsten, schälen und vierteln. In leicht gesalzenem Wasser nicht zu weich kochen. Abgekühlt in Würfel schneiden.

● Die Äpfel schälen, vierteln, vom Kerngehäuse befreien und ebenfalls würfeln. Mit dem geputzten, gewaschenen und in sehr feine Scheiben geschnittenen Porree unter die Selleriewürfel mischen.

● Die Mayonnaise mit Buttermilch, Senf, Zucker, etwas Salz sowie Gewürzen verrühren und dazugeben. Gut mischen, dann durchziehen lassen.
Mit frisch gehackter Petersilie bestreut servieren.

Matjes-Kartoffelsalat

- 600 g festkochende, möglichst kleine Kartoffeln
- Salz
- 8 Matjesfilets (oder Filets von Salzheringen)
- weißer Pfeffer
- Saft einer 1/2 Zitrone

Marinade:

- 2 EL Mayonnaise
- 2 EL Buttermilch oder Joghurt
- 2 EL Öl
- 1/2 EL Obst- oder Weinessig
- Salz, Pfeffer
- 1 Prise Zucker
- frischer Schnittlauch

● Die Kartoffeln waschen, dann in gesalzenem Wasser in ca. 25 Minuten garkochen.

● Die Matjesfilets waschen, mit Küchenpapier trockentupfen, dann in ca. 1/2 cm breite Streifen schneiden. Pfeffern und mit Zitronensaft beträufeln. Durchziehen lassen.

● Die Radieschen putzen, waschen und in dünne Scheiben schneiden. Die Kartoffeln schälen und ebenfalls dünn aufschneiden.

● Kartoffeln, Matjes und Radieschen abwechselnd auf Tellern oder Schalen anrichten.

● Für die Marinade alle Zutaten verrühren und darüber verteilen. Durchziehen lassen, dann mit frisch gehacktem Schnittlauch bestreut servieren.

Kopfsalat mit Schmand

1 großer, frischer Kopfsalat	1/4 TL Zucker, 1 EL Zitronensaft
1/4 Schmand oder saure Sahne	1 Prise Salz, Pfeffer
1 geh. Zwiebel	1 EL frisch geh. Dill

● Den Kopfsalat putzen, die Blätter einzeln vorsichtig waschen und gut abtropfen lassen oder trockenschleudern.

● In einer Rührschüssel den Schmand oder die saure Sahne mit Zwiebel, Zucker, Zitronensaft, Gewürzen sowie Dill verrühren und die Salatblätter untermischen. Sofort servieren.

Grüne Bohnen mit Tomaten

1 kg frische, grüne Bohnen	500 g eher feste Tomaten
2 Zwiebeln	150 g frische Champignons
2 EL Butter	1/2 EL Tomatenmark
ca. 1/4 l Wasser	1 EL Wein- oder Obstessig
Salz, weißer Pfeffer	1 Prise Zucker
Bohnenkraut	1 EL geh. Petersilie

● Die Bohnen waschen, gut abtropfen lassen, die Enden abschneiden und, falls notwendig, die Fäden abziehen, dann kleinschneiden. Die geschälten

Zwiebeln fein hacken; in der Butter glasig dünsten, die Bohnen dazugeben, das Wasser angießen, würzen und zugedeckt in ca. 30 Minuten halbgar kochen.

- Die Tomaten heiß überbrühen, vierteln und häuten. Mit den geputzten sowie gründlich gewaschenen Pilzen zu den Bohnen geben und für weitere 10 - 15 Minuten mitdünsten lassen.

- Zuletzt Tomatenmark mit Essig unterrühren und das Gericht mit frisch gehackter Petersilie bestreut servieren.

Beilage:
Bratkartoffeln mit Zwiebeln oder Reis

Mein Tip:
Anstelle von Tomatenmark und Essig können Sie die Bohnen auch mit 1 Tasse Schmand (saure Sahne) und frisch gepreßtem Knoblauch zubereiten. Beides wird erst zuletzt zugegeben und darf nur noch ziehen, nicht kochen.

Apfelzwiebeln

5 mittelgroße Zwiebeln	2 TL geh. Dill
Salz, weißer Pfeffer	3 feste, säuerliche Äpfel (z.B. Boskop)
1 EL Zitronensaft	1 Prise Zucker
4 EL Öl	

- Die Zwiebeln schälen, in größere Würfel schneiden, dann in eine Schüssel geben, salzen und gut pfeffern. Zitronensaft, Öl sowie gehackten Dill dazugeben und zugedeckt ca. 1 Stunde lang durchziehen lassen.

- Die Äpfel schälen, vierteln, vom Kerngehäuse befreien und ebenfalls würfeln. Mit dem Zucker zu den Zwiebeln geben, durchrühren und nochmals ca. 20 Minuten ziehen lassen.

Mein Tip:
Diese Beilage paßt am besten zu kurzgebratenem Fleisch (Steaks, Schnitzel etc.).

Apfelrotkohl

1 kg Rotkohl	4 EL Rotwein
50 g Fett (Gänse- oder Butterschmalz)	Salz, weißer Pfeffer
1 - 2 Zwiebeln, gehackt	1 Lorbeerblatt
3 säuerliche Äpfel (z.B. Boskop)	3 - 4 Pimentkörner
1 EL Zucker	1 - 2 Gewürznelken
2 EL Obst- oder Weinessig	2 EL Preiselbeeren
	ca. 1/4 l Wasser

● Den Rotkohl putzen, die äußeren Blätter entfernen, dann vierteln und in feine Streifen hobeln.

● In einem Schmortopf das Fett erhitzen und die Zwiebeln darin glasig dünsten. Die Äpfel schälen, vierteln, vom Kerngehäuse befreien und in Spalten schneiden. Mit dem Zucker zu den Zwiebeln geben und mitdünsten, dann erst den vorbereiteten Rotkohl hinzufügen und unter beständigem Wenden garen lassen.

● Essig, Rotwein, Gewürze und Preiselbeeren dazugeben. Mit Wasser aufgießen, dann bei mittlerer Stufe in ca. 40 - 50 Minuten fertigkochen, dabei gelegentlich umrühren und evtl. noch etwas Wasser zugeben.

Rote-Rüben-Salat

1 kg Rote Rüben (Rote Beete)	Marinade: 6 EL Obst- oder Weinessig
2 - 3 säuerliche Äpfel (z.B. Boskop)	3 EL Wasser
1/2 TL Anis oder gem. Kümmel	1/2 TL Salz, weißer Pfeffer
etwas frischer Meerrettich	1 TL Zucker
	4 EL Öl

● Die roten Rüben so von Blättern und Wurzeln befreien, daß die Knollen nicht verletzt werden, dann unter fließendem Wasser gründlich bürsten. In einem großen Topf, mit Wasser bedeckt, in ca. 50 - 60 Minuten – je nach Größe – weichkochen. Mit kaltem Wasser übergiessen, dann abschälen und in dünne Stifte raspeln.

● Die Äpfel schälen, vierteln, vom Kerngehäuse befreien und grob würfeln. Mit dem Anis oder dem Kümmel unter die Rübenschnitzel mischen.

● Für die Marinade alle Zutaten verrühren, darübergießen, gut durchmischen und nach dem Abkühlen den Salat nochmals abschmecken.

● Zuletzt mit etwas frisch geriebenem Meerrettich bestreuen, dann servieren.

Schnippelbohnen Pommersche Art

- 800 g Schnippelbohnen (grüne Schnittbohnen)
- 2 Stengel Bohnenkraut
- Salz, Pfeffer
- 75 g durchwachsener Speck
- 1 EL Butter
- 1 - 2 EL Mehl
- 1/4 l Milch
- 1/8 l Fleischbrühe
- Muskat
- 2 EL geh. Petersilie

● Die Bohnen gründlich waschen, von Spitze und Stielansatz befreien und – falls nötig – entfädeln. Mit einem scharfen Küchenmesser schräg dünn „aufschnippeln" (schneiden). Wasser mit Salz und Bohnenkraut aufkochen, die Bohnen dazugeben und auf mittlerer Stufe in 20 Minuten garkochen, dann abgießen.

● Den Speck würfeln oder in dünne Streifen schneiden, mit der Butter in einem Topf ausbraten, das Mehl darüberstreuen, anrösten, dann unter beständigem Rühren Milch, Brühe und Salz dazugeben. Bei milder Hitze etwa 15 Minuten kochen lassen, dabei immer wieder gut durchrühren und zuletzt Pfeffer sowie Muskat abschmekken. Die Bohnen hineingeben, durchmischen und nochmals kurz erwärmen. Mit gehackter Petersilie bestreut servieren.

„Stampfkartoffeln" mit Buttermilch

- 1 kg mehlige Kartoffeln
- 100 g magerer, geräucherter Bauchspeck
- 2 mittlere Zwiebeln
- 2 EL Butter, 2 EL Mehl
- gut 1/2 l Buttermilch
- Salz, weißer Pfeffer
- 1 kräftige Prise Muskat

● Die Kartoffeln schälen, waschen und wie Salzkartoffeln in ca. 30 Minuten garkochen, dann abgießen, in eine größere Schüssel geben und grob zerstampfen. Warmhalten.

● Bereits während der

Kochzeit den Speck würfeln, in einem Topf auslassen. Die geschälten, feingeschnittenen Zwiebeln mit der Butter darin glasig dünsten, das Mehl darüberstreuen, hellbraun rösten, dann die Buttermilch dazugeben und unter beständigem Rühren zu einer dicklichen Soße verkochen, würzen und sofort über die Kartoffeln geben. Mit dem Elektroquirl mit Knethaken gleichmäßig durchmischen, dann servieren.

Brotpudding

200 g Schwarzbrotbrösel	100 g gem. Mandeln
1/8 l Rotwein oder schwarzer Johannisbeersaft	50 g Rosinen
50 g weiche Butter	1/2 TL Zimt
100 - 125 g Zucker	1 Msp. Nelkenpulver
5 Eier (getrennt)	etwas abgeriebene Schale 1 unbehandelten Zitrone
15 g geh. Zitronat	weiche Butter und Semmelmehl (Paniermehl) für die Form
15 g geh. Orangeat	

● Die Schwarzbrotbrösel über Nacht auf einem Backblech ausbreiten und trocknen lassen oder im Backofen bei 100° C in ca. 20 - 30 Minuten trocken rösten. In eine Schüssel geben und mit Rotwein oder Johannisbeersaft mischen.

● Weiche Butter mit Zucker und Eigelb sehr schaumig schlagen.
Alle übrigen Zutaten unterrühren, zuletzt die Brotbrösel hinzufügen.

● Die Eiweiße steif schlagen und darunterheben, dann die Masse in eine gefettete und mit Semmelmehl ausgestreute Puddingform füllen.

● Die fest verschlossene Form im langsam siedenden Wasserbad 1 Stunde lang kochen lassen, dann den Pudding abdämpfen und auf eine Platte stürzen. Warm servieren.

Mein Tip:
Dazu gibt es Johannisbeersaft oder angedickte Johannisbeeren.

Kartoffelkuchen mit Speck

- 750 g mehlige Kartoffeln
- 150 g magerer Schinkenspeck
- 50 g Butterschmalz
- 1 Zwiebel
- 3 Eier, 30 g Mehl
- 1 TL Majoran
- Salz, 1 Prise Muskat
- weißer Pfeffer
- 150 ml Schmand oder 30%ige Sahne
- Butterschmalz und Semmelmehl für die Form

● Die Kartoffeln waschen und in der Schale weichkochen. Den Schinkenspeck fein würfeln, in 20 g

Butterschmalz anbraten, herausnehmen und beiseite stellen. Die abgepellten Kartoffeln durch eine Presse in eine größere Rührschüssel drücken.

● Schinken, geschälte und feingehackte Zwiebel, Eigelbe, Mehl sowie die Gewürze dazugeben. Mit dem Elektroquirl mit Knethaken gut vermischen.

● Den Schmand dazugeben oder die Sahne steif schlagen, ebenso die Eiweiße. Unterheben.

● Den so vorbereiteten Kartoffelteig in eine gefettete, mit Semmelmehl ausgestreute, verschließbare Puddingform füllen und den Deckel zumachen. In einen hohen Kochtopf stellen. Soviel Wasser dazugießen, daß die Form zu etwa 2/3 darin steht.

● Den Kartoffelkuchen in siedendem Wasserbad etwa 70 Minuten garen, dann herausnehmen und noch 10 Minuten in der Form stehen lassen, anschließend auf eine vorbereitete Platte stürzen und lauwarm aufschneiden.

Beilage:
Mit frischen Tomaten und gehackter Petersilie gemischte Remouladensoße.

Buttermilch-Plinsen mit Kirschen

<u>Kirschen:</u>
400 g frische Kirschen
Saft 1 Orange
150 ml Rotwein
50 ml Wasser
50 g Waldhonig
etwas ausgeschabtes Vanillemark
1 TL abgeriebene Schale 1 unbehandelten Zitrone
1 Prise Zimt
10 g Vanille-Puddingpulver

<u>Plinsen:</u>
ca. 300 g Mehl, 3 Eier
3/8 l Buttermilch
4 EL Mineralwasser
1 Prise Salz
1 TL Backpulver
80 - 100 g Butterschmalz
Puderzucker z. Bestreuen
4 Kugeln Vanilleeis als Garnitur

● Die Kirschen waschen, abtropfen lassen, entkernen und in eine Schüssel geben.

● Den Orangensaft mit Rotwein, Wasser, Honig, Vanillemark, Zitronenschale und Zimt aufkochen. Ca. 1 Stunde durchziehen lassen, dann das mit 2 EL kaltem Wasser angerührte Puddingpulver dazugeben, nochmals aufkochen und die Kirschen unterrühren. Kurz durchziehen lassen, dann in eine Schüssel geben.

● Für die Plinsen von Mehl, Eiern, Buttermilch, Mineralwasser und Salz einen nicht zu dünnen Teig bereiten. Diesen ca. 45 Minuten lang stehenlassen, dann erst das Backpulver unterrühren.

● Etwas Butterschmalz in einer Pfanne erhitzen, einen Schöpflöffel Teig darin verteilen und zuerst auf der einen, danach unter Zugabe von etwas Fett auf der anderen Seite hellbraun backen. Die Teigmenge ergibt ca. 8 Stück.

● Die Plinsen noch warm zu Dreiecken zusammenlegen und mit den Kirschen auf Desserttellern anrichten, dann mit reichlich gesiebtem Puderzucker überziehen und jeweils eine Kugel Eis dazugeben.

Sommerbeeren in Vanille-Creme

1 kg frische, reife Beeren (z.B. Schwarze Johannis- oder Brombeeren, rote Johannisbeeren, Himbeeren, Blaubeeren)

2 Eier und 2 Eigelbe von sehr frischen Eiern

100 g Zucker

1 Pa Vanillezucker

2 cl Rum

4 Kugeln Vanilleeis nach Belieben

frische Minze

● Die verschiedenen Beeren waschen, gut abtropfen lassen und auf Dessertschalen oder -tellern verteilen.

● Die Creme erst kurz vor dem Servieren zubereiten. Hierzu Eigelbe und ganze Eier mit Zucker und Vanillezucker sehr schaumig schlagen, dann bei milder Hitze über einem Wasserbad so lange weiterschlagen, bis die Masse cremig ist.

● Zuletzt den Rum unterziehen und die Eiercreme sofort gleichmäßig über die Früchte verteilen. Nach Belieben mit Vanilleeis und frischer Minze garnieren.

Grießpudding mit „Plummen" (Pflaumen)-Kompott

Pudding:
3/4 l Milch

1 Prise Salz

1 Stückchen Zitronenschale

150 g Grieß

50 g weiche Butter

60 g Zucker

4 Eigelb, 4 Eiweiß

30 g Rosinen

30 g Mandelstifte

weiche Butter und Semmelmehl für die Form

Kompott:
500 g frische, reife Pflaumen

1/4 l Wasser

1/4 l trockener Rotwein

75 g Zucker

1 Stückchen Zimt

etwas abgeriebene Schale 1 unbehandelten Zitrone

● Milch mit Salz und Zitronenschale langsam aufkochen, den Grieß dazugeben und unter beständigem Rühren bei milder Hitze ca. 10 Minuten ausquellen lassen. Die Zitronenschale herausnehmen, dann die Masse auskühlen lassen.

● Butter, Zucker sowie Eigelbe in eine Rührschüssel geben und mit dem Elektroquirl sehr schaumig schlagen. Nach und nach den Grießbrei dazugeben, weiterrühren. Zuletzt die gewaschenen, gut abgetropften Rosinen und die Mandelstifte untermischen. Eiweiß steif schlagen. Zuerst nur 1/3 des Eischnees unterziehen, dann den Rest leicht unterheben.

● Eine Kochpuddingform mit Deckel ausfetten und mit Semmelmehl gleichmäßig ausstreuen. Die Grießmasse einfüllen und die gut verschlossene Form ca. 1 Stunde lang in ein siedendes Wasserbad stellen.

● In der Zwischenzeit die Pflaumen waschen, halbieren und entkernen. Wasser mit Rotwein, Zucker und Gewürzen aufkochen, die Pflaumen dazugeben und knapp weichkochen. Mit Hilfe eines Schaumlöffels

herausheben und in eine Servierschüssel geben. Die Kochflüssigkeit einkochen, durchsieben und leicht abgekühlt über die Früchte gießen.

● Den Grießpudding mit der Form aus dem Wasserbad nehmen, kurz abdämpfen lassen, vom Rand lösen und auf eine Platte stürzen.

● Zusammen mit den Pflaumen noch warm servieren. Nach Belieben mit Rum flambieren.

Rosinen-Vanillespeise

100 g Rosinen	Mark 1 Vanilleschote
knapp 1/8 l Rum	4 Blatt weiße Gelatine
4 Eigelb	4 Eiweiß
80 g Zucker, 1/2 l Milch	100 ml süße Sahne

● Die Rosinen gründlich waschen, gut abtropfen lassen und in eine Schale geben. Mit Rum begießen und 2 - 3 Stunden zugedeckt durchziehen lassen, dabei gelegentlich umrühren.

● Für die Vanillecreme Eigelb, Zucker und Milch in einen weiten Kochtopf geben. Das Vanillemark hinzufügen. Diese Mischung unter beständigem

Schlagen mit einem Schneebesen langsam erhitzen, bis eine dickliche Creme entsteht. Einmal aufkochen lassen, dann beiseite stellen.

● Die in kaltem Wasser eingeweichte, gut ausgedrückte Gelatine in die Creme geben und so lange rühren, bis sie sich vollkommen aufgelöst hat. Kalt stellen, ab und zu durchrühren, damit sich keine Haut bildet.

● 2/3 der Rosinen kurz abtropfen lassen und zusammen mit dem steifgeschlagenen Eiweiß und der geschlagenen Sahne unter die erkaltete aber noch nicht festgewordene Creme ziehen.

● Die Mischung in Portionsschälchen oder -gläser füllen. Kalt stellen. Vor dem Servieren mit den restlichen Rosinen garnieren.

Mein Tip:
Zu diesem typischen Dessert reicht man in Mecklenburg-Vorpommern gerne ein zartes Sandgebäck.

Köstliche Beerengrütze

500 - 600 g gemischte Beeren (z.B. Rote und schwarze Johannisbeeren, Brombeeren, Himbeeren)	2 EL Zitronensaft
1/4 l Johannisbeersaft	etwas abgeriebene Schale 1 unbehandelten Zitrone
80 g Zucker	1 Msp. Nelkenpulver
1 Pa Vanillezucker	1 Prise Zimt
	40 g Stärkemehl
	1/8 l Rotwein oder Wasser

● Die verschiedenen Obstsorten waschen und putzen. Mit Johannisbeersaft, Zucker, Vanillezucker, Zitronensaft und -schale sowie Gewürzen langsam aufkochen.

● Stärkemehl mit Rotwein verrühren und unter das Obst geben, nochmals durchkochen, dann in Portionsschälchen füllen und erkalten lassen.

Meine Tips:
Auch reife Kirschen passen gut zu dieser Obstkombination. Servieren Sie die Grütze mit flüssiger Sahne oder Vanillesoße.

Schmandkuchen mit „Plummen"
(Pflaumen)

Teig: 400 g Mehl	abgeriebene Schale 1 unbehandelten Zitrone
30 g Hefe	2 - 3 EL Stärkemehl
ca. 1/8 l lauwarme Milch	1/8 l Schmand oder saure Sahne
1 Ei	1 kg Quark, 3 Eiweiß
50 g Zucker	1 - 1 1/2 kg reife Plummen (Pflaumen)
1 Prise Salz	50 g gemahlene Mandeln
1 Pa Vanillezucker	Butter zum Einfetten des Backblechs
50 g weiche Butter	Puderzucker zum Bestreuen
Belag: 125 g Zucker	
3 Eigelb	

● Das Mehl in eine größere Schüssel sieben, in die Mitte eine Vertiefung eindrücken, die Hefe hineinbröckeln und mit etwas Milch sowie Zucker verrühren.

● Zugedeckt an einem warmen Ort ca. 20 - 30 Minuten gehen lassen, dann die restliche Milch, den restlichen Zucker, Ei, Salz, Vanillezucker und weiche Butter hinzugeben und alles zu einem geschmeidigen Teig verarbeiten, der sich gut vom Schüsselrand lösen sollte. Hierzu am besten die Küchenmaschine oder den Elektroquirl einsetzen. Nochmals zugedeckt ca. 20 Minuten gehen lassen.

● Für den Belag Zucker mit Eigelben und Zitronenschale schaumig rühren. Stärkemehl und Schmand oder saure Sahne dazugeben. Zuletzt den Quark gleichmäßig unterrühren. Die Eiweiße steif schlagen und kurz untermischen.

● Die Plummen (Pflaumen) waschen, abtropfen lassen, halbieren und entkernen.

● Ein tiefes Backblech oder die Fettpfanne einfetten und den Hefeteig gleichmäßig darauf ausrollen. Mit gemahlenen Mandeln bestreuen und mit einer Gabel mehrmals einstechen.

- Den Backofen auf 200 - 220° C vorheizen.

- Die Quark-Schmandmasse gleichmäßig auf dem Teig verstreichen und die halbierten Plummen (Pflaumen) mit der Schnittfläche nach oben leicht eingedrückt auflegen.

- Nochmals etwas gehen lassen, dann in 30 - 40 Minuten abbacken.

- Abgekühlt in Stücke schneiden und mit Puderzucker bestreuen.

Schneller Mandel-Butterkuchen

250 g Butter oder Margarine	250 g Mehl
200 g Zucker	2 gestr. TL Backpulver
1 Pa Vanillezucker	Belag: 50 g Zucker
1 Prise Salz	50 - 70 g blättrige Mandeln
4 Eier	50 - 70 g Butterflöckchen

- Weiches Fett, Zucker, Vanillezucker und Salz mit dem Elektroquirl sehr schaumig rühren. Nach und nach die Eier dazugeben und weiterrühren. Mehl mit Backpulver mischen, durchsieben, hinzufügen und alles zu einem geschmeidigen Teig verarbeiten.

- Den Backofen auf 180 - 200° C vorheizen.

- Das Backblech einfetten, den Teig sehr gleichmäßig darauf verstreichen, mit Zucker sowie Mandeln bestreuen und Butterflöckchen aufsetzen.

- In 20 - 25 Minuten goldbraun backen. Noch warm in Stücke schneiden.

Kirsch-„Platten“-Kuchen mit Streuseln

Teig:
knapp 1/4 l Milch
80 g Butter oder 8 EL Keimöl
80 g Zucker
1 Prise Salz
500 g Mehl
30 g Hefe
Semmelmehl (Paniermehl)

Belag:
1,5 kg frische, entsteinte Kirschen

Streusel:
350 g Mehl
200 g Zucker
etwas Zimt
200 g Butter oder Margarine

● Lauwarme Milch, weiche Butter oder Keimöl, Zucker, Salz und Mehl in eine Rührschüssel geben.

Feingebröckelte Hefe gleichmäßig darüber verteilen. Alle Zutaten mit dem Elektroquirl mit Knethaken so lange gut verkneten, bis sich der Teig vom Schüsselrand löst. Zugedeckt an einem warmen Ort ca. 30 Minuten gehen lassen.

● Ein tiefes Backblech oder die Fettpfanne einfetten, den Hefeteig gleichmäßig darauf ausrollen, mit einer Gabel mehrfach einstechen, dann mit den Kirschen belegen.

● Für die Streusel alle Zutaten gleichmäßig verkneten, dabei erst das gesiebte Mehl mit Zucker und Zimt mischen und anschließend unter ständigem Rühren das Fett dazugeben, bis die Masse krümelt. Sehr gleichmäßig über die Kirschen verteilen.

● Den Kuchen zugedeckt weitere 20 Minuten gehen lassen und dann im inzwischen auf 180 - 200° C vorgeheizten Backofen in 30 - 40 Minuten backen. Noch warm in Stücke schneiden.

Mecklenburger Schlupfkuchen mit Äpfeln

- 200 g weiche Butter
- 200 g feinster Zucker
- 150 g Mehl
- 50 g Stärkemehl
- 1 Prise Salz
- 4 Eier
- abgeriebene Schale 1/2 unbehandelten Zitrone
- 1 gestr. TL Backpulver
- 1 - 2 EL Rum
- Milch bei Bedarf
- 750 g feste, säuerliche Äpfel
- 1 Pa Vanillezucker
- 5 EL Aprikosenmarmelade
- 50 g gestiftelte Mandeln
- Butter und Semmelmehl für die Form

● Eine Springform – ø 26 cm – einfetten und mit Semmelmehl gleichmäßig ausstreuen, dann in den Kühlschrank stellen, sodaß das Fett wieder fest wird.

● Die Butter mit dem Zucker in eine Rührschüssel geben und mit dem Elektroquirl sehr schaumig rühren. 1 EL Mehl zugeben, salzen, dann nach und nach die Eier und die Zitronenschale unterrühren.

● Das Mehl mischen und zusammen mit dem Backpulver unter den Teig geben. Zuletzt den Rum und bei Bedarf die Milch hinzufügen, sodaß der Teig weich vom Löffel fällt.

● In die vorbereitete Form füllen und glattstreichen.

● Die Äpfel schälen, achteln, vom Kerngehäuse befreien, an der Rundung mehrfach einschneiden, dann dicht nebeneinander auf den Teig legen. Mit Vanillezucker bestreuen.

● Bei 170 - 190° C im vorgeheizten Backofen ca. 45 Minuten langsam backen, damit der Kuchen nicht so schnell „schlupft“ d.h. zwischen den Äpfeln hochsteigt.

● Die Aprikosenmarmelade erhitzen. Den fertigen Kuchen aus der Form nehmen, mit der Marmelade bestreichen und mit Mandelstiften bestreuen.

„Machandel“

- 4 Backpflaumen
- 4 Schnapsgläser guter Wacholderschnapses

● Die Backpflaumen entkernen. In hohe, längliche Trinkgläser füllen, den Schnaps darübergeben und etwas durchziehen lassen, dann als Aperitif servieren.

Eiergrog

- 2 Eier und 2 Eigelbe von sehr frischen Eiern
- 150 g feiner Zucker
- 1/8 l Rum, 1/8 l Wasser

● Eier, Eigelbe und Zucker mit dem Elektroquirl verrühren und bei schwacher Hitze dickschaumig schlagen. Den Rum sowie das Wasser erhitzen und unter beständigem weiterrühren zur Schaummasse geben. Noch heiß servieren.

Rotwein-Teepunsch

- 0,7 l trockener Rotwein
- 1/2 l starker, schwarzer Tee
- abgeriebene Schale 1 unbehandelten Zitrone
- ca. 180 g Zucker
- 3 Nelken, 1 Stückchen Zimt
- 1/8 l Rum, Zitronensaft
- 4 dünne Zitronenscheiben

● Rotwein, Tee, Zucker, Zitronenschale und Gewürze langsam erhitzen, jedoch nicht kochen.

● Zuletzt Rum und Zitronensaft dazugeben, kurz miterwärmen, dann das Getränk durchsieben, in Punschgläser füllen und mit Zitronenscheiben dekoriert heiß servieren.

Zu den Rezepten:
Die Temperaturangaben sind Richtwerte, die je nach Herdtyp abweichen können. Möchten Sie das jeweilige Rezept mit Heißluft zubereiten, so stellen Sie ca. 20° C niedriger ein. Die Backzeiten bleiben in der Regel gleich. Bitte vergleichen Sie die Temperaturangaben vorab mit denjenigen in der Gebrauchsanweisung Ihres Herdes und stellen Sie ggf. etwas höher oder niedriger ein.

Zum Gebrauch des Buches:
Es werden mehrfach Abkürzungen benutzt, die ich Ihnen nachstehend noch kurz erklären möchte:

EL	Eßlöffel
TL	Teelöffel
Msp	Messerspitze
g	Gramm
kg	Kilogramm
l	Liter
cl	Zentiliter
geh.	gehäuft
gem.	gemahlen
ger.	gerieben
gestr.	gestrichen
Pa	Päckchen

Bildnachweis
Titelmotiv: CMA/Ketchum PR, München
W. Starke: 1
Dr. L. Gebhardt: 2, 77
Alpensahne/Ketchum PR, München: 8, 25
Langnese-Iglo, Hamburg: 11, 15, 21, 30, 32, 34, 48, 54, 60, 62
Gusto, Wien: 13
becel/Ketchum PR, München: 19
Thomas Eisenack: 23
Alevita/Ketchum PR, München: 27
Kaliforn. Trockenpflaumen/Ketchum PR, Mü.: 37
CMA, Bonn: 50, 51, 66, 68
Adam/Ketchum PR, München: 47
Radloff: 39
Fotostudio Teubner, Füssen: 43, 52, 53, 71
Thomy/Ketchum PR, München: 58
Kaliforn. Rosinen/Ketchum PR, München: 41, 72
AMC, Bingen: 69
R. Bosch Hausgeräte GmbH, München: 76

Autorin und Verlag danken den oben genannten Unternehmen für die umfangreiche und freundliche Bereitstellung des Bildmaterials.

Lektorat: Ursula Calis, München
Design & Produktion: Verlagsbüro Fritz Petermüller, Siegsdorf
Satz: Agentur für Satz & Typographie, Grassau
Lithos: ColorLine, Verona

3. Auflage 1998
Verlagsnummer: 1711
ISBN 3-87051-801-4

Die neue Serie mit tollen Rezepten!

KOMPASS Küchenschätze

DEUTSCHLAND

1708 Bayerische Schmankerl
1711 Spezialitäten aus Mecklenburg und Vorpommern
1712 Spezialitäten aus Schleswig-Holstein und aus Hamburg
1713 Spezialitäten aus Thüringen
1714 Schwäbische Spezialitäten
1715 Fränkische Spezialitäten
1722 Weihnachtsbäckerei

ÖSTERREICH

1700 Österreichische Spezialitäten
1702 Österreichische Weihnachtsbäckerei
1703 Tiroler Spezialitäten
1704 Salzburger Spezialitäten
1705 Kärntner Spezialitäten
1706 Vorarlberger Spezialitäten
1707 Steirische Spezialitäten
1709 Wiener Spezialitäten
1710 Österreichische Mehlspeisen

ITALIEN

1701 Südtiroler Spezialitäten
1754 Südtiroler Backrezepte

VERSCHIEDENE THEMEN

1720 Knödel
1721 Natur-Heilschnäpse, Magenbitter und Liköre
1723 Heilkräuter für Leib und Seele
1724 Das kleine feine Backbuch
1726 Pasta, Pizza und Risotto

Erhältlich im Buchhandel und am Kiosk!